# 廃線寸前！銚子電鉄

## “超極貧”赤字鉄道の底力

寺井広樹
Terai Hiroki



交通新聞社新書 151

# はじめに

このたびは本書をお手に取っていただき、誠にありがとうございます。

銚子電鉄さんとのお付き合いは、２０１６年の「ありがとう駅」からの出発でかれこれ6年目になる。それ以来、千葉県民でもある私は頻繁に銚子を訪れ、「お化け屋敷電車」や「まずい棒」のプロデュースなど、竹本勝紀社長をはじめ銚子電鉄の皆さんとさまざまなプロジェクトをご一緒させていただいている。

廃線寸前と言われながら存続し続ける銚子電鉄に首を傾げる方も多いだろう。逆境の中なぜ存続し続けているのか。極至近で銚子電鉄を見てきた立場からその秘密を解き明かしていきたい。

銚子電鉄が生き残っている一番の秘訣は「逆転の発想」にあると私は見ている。逆境においてこそ逆転の発想が必要であり、強みとなっているのではないだろうか。「逆転」は「逆さに転ぶ」と書く。漢字だけ見れば、派手に転んで、いたってネガティブな印象だ。

これは赤字経営、廃線寸前の銚子電鉄の姿に重なる。

ところが「ぎゃくてん」と読むと、ダメだったものが一気によくなるといった「逆転勝ち」のような前向きなニュアンスの言葉になる。前身会社の二度の解散を乗り越えて誕生し、次々とヒット商品を出し、メディアに幾度となく取り上げられ話題になっている華々しい銚子電鉄の姿もここにある。

とはいえ、赤字経営、廃線寸前の状況は簡単には変えられないので、危機に陥っては逆転ホームランを打ち、ホームランを打ったかと思えばまたすっ転んで泥まみれになるのを繰り返しているのが現状だ。

転んでもただでは起きないのが銚子電鉄の底力で、例えるなら、転んだ際に線路に落ちている石が目につき、その石を拾って缶詰に入れて売る、なんてことをやってのける。実際に石の缶詰はネットショップにて販売中で、これが結構売れている。

順境ではとても思いつかないであろうワクワクするアイデアが日々生み出されている。逆風が吹き荒れる中、知恵を絞って苦境を乗り越えていく銚子電鉄の姿を、皆さまもぜひ一緒に見守っていただきたい。

２０２０年、『電車を止めるな！』という映画を制作・公開した。

「このままでは本当に廃線になって電車が止まってしまう。止めてはいけない」

そんな思いに端を発した映画だ。メディアにも大々的に取り上げていただき、本当にありがたく思っている。また、たくさんの上映オファーをいただいたことも、この場を借りて心より御礼申し上げたい。上映会場に足を運んでくださった皆さま、オンライン配信をご覧いただいた皆さまに、感謝申し上げるとともに、これからも応援よろしくお願いいたします。


本書にて、皆さまに銚子電鉄を知っていただき、銚子電鉄の在り方が皆さまにとっても新しい発想のヒントとなれば幸いである。

廃線寸前！銚子電鉄――――目次

124
銚子港
◎銚子市役所
本銚子《もとちょうし》
●銚子ポートタワー
笠上黒生《かさがみくろはえ》
銚子《ちょうし》
仲ノ町《なかのちょう》
観音《かんのん》
銚子電鉄
西海鹿島《にしあしかじま》
海鹿島《あしかじま》
126
千葉県銚子市
244
君ヶ浜《きみがはま》
286
●君ケ浜
犬吠《いぬぼう》
●犬吠埼
254
外川《とがわ》

銚子電鉄の路線図

# 第1章

# 銚子電鉄の「まずい」通史

前身会社の解散、鉄道会社なのに稼ぎ頭が煎餅……
銚子電鉄が歩んできた険しい道のり。

## 全長6・4㎞、終点まで19分のローカル鉄道

千葉県銚子市を走る銚子電気鉄道株式会社こと「銚子電鉄」、略称「銚電」は、全長わずか6・4㎞、終点まで19分のローカル鉄道だ。

近年たびたびメディアで取り上げられているので、銚子電鉄の存在はご存じの方も多いだろう。とはいえ、「廃線寸前」「倒産の危機」といった「まずい」内容ばかりが話題になり、実際、1923年（大正12年）の開通以来、常に廃線寸前、倒産の危機が隣り合わせの経営状況で、銚子電鉄の現社長である竹本勝紀氏の口癖「まずい」は、もはやトレードマーク化している。

銚子電鉄を語る上で、この「まずい」通史は避けては通れない。

銚子の人々にとっても、大切な地域の足であるはずの銚子電鉄が、なぜ「まずい」状況にあるのか。

## 前身の鉄道会社が2社とも解散

銚子電鉄の前身は、それまで銚子を走っていた2社の鉄道会社だ。

最初に立ち上がったのは、1913年（大正2年）に開通した「銚子遊覧鉄道」で、銚

子から犬吠を1日7往復、23分で走行する遊覧鉄道だった。

遊覧鉄道とは、時刻表に載らない遊戯施設扱いの路線だ。千葉県浦安市の東京ディズニーランドのウエスタンリバー鉄道やディズニーシーのエレクトリックレールウェイ、北海道札幌市の白い恋人パークの白い恋人鉄道といったテーマパークの鉄道や、東京都世田谷区の世田谷公園ミニSLちびくろ号、北九州市門司区の九州鉄道記念館ミニ鉄道公園のミニ列車など公園の遊戯施設としての鉄道で、家族連れやカップルが楽しむようなイメージである。観光目的の遊覧鉄道もある。栃木県日光市にある足尾銅山観光のトロッコ電車や、奈良県天川村の鍾乳洞へのアクセスに使われる五代松鍾乳洞モノレール、面不動鍾乳洞モノレールなどである。

銚子遊覧鉄道も観光目的の交通基盤整備で開通した路線だった。

特筆すべきは、遊覧鉄道でありながらも、レール幅に、国鉄の貨車が直接乗り入れることができる１０６７㎜が採用されていたことだ。将来的に貨物輸送に利用することを見越していたのだろう。

江戸時代から銚子は人気の観光地だった。銚子の名産品は、海産物と醤油だ。年間の水揚げ量全国1位の銚子漁港では海の幸が楽しめ、海産物のお土産品が人気である。国内五大醤油メーカーの内の2社であるヒゲタ醤油株式会社とヤマサ醤油株式会社を有し、醤油醸造業も銚子の発展に貢献している。

また、犬吠には犬吠埼灯台がある。イギリス人技師ブラントンの設計で、はじめて日本製のレンガを使用して1874年（明治7年）に点灯された灯台であり、「世界灯台100選」「日本の灯台50選」にも選ばれており、2020年12月には国の重要文化財にも指定された。

銚子遊覧鉄道は、当時人気の観光地だった銚子から、犬吠までをつなぐ目的で開通した。しかし、時代の流れだろうか、観光客需要は見込んだほど伸びずに開業以来赤字が累積、さらに第一次世界大戦が勃発して鉄鋼価格が高騰したことも影響し、1917年（大正6年）の株主総会で会社解散を決議した。

開通からわずか4年での廃線だ。

しかし、鉄道は地域住民にとっては重要な足である。沿線に住む人たちから銚子遊覧鉄道のかわりとなる鉄道を求める声があがった。その声にこたえて1923年に開通したのが「銚子鉄道」である。銚子鉄道は、当初レールの間隔は特殊狭軌線と呼ばれる762㎜でその上を軌道自動車と呼ばれるガソリンカーを走らせる予定だったが、一般的な1067

㎜に変更しガソリン機関車を走らせることにした。この変更のおかげで許可が下り、無事開通の運びとなった。

走行区間も銚子遊覧鉄道のときよりも伸び、銚子から外川をつなぐ全長６・４㎞となった。この区間は、現在の銚子電鉄に継承されている。

ところが、銚子鉄道の経営は順風満帆とはいかなかった。ガソリン機関車は調子が悪く、鉄道省の指導が入ったのだ。銚子鉄道はガソリン以外の動力に切り替えざるをえなくなり、電気で走る電車へとシフトチェンジを余儀なくされた。しかし、このことが功を奏し、「まずい」通史の中でも輝かしい黄金期を迎えることとなった。

というのも、太平洋戦争が始まると国内でガソリンが不足する事態となり、ライバルであるバスが運休となった。地域の人の足として電気で走る銚子鉄道に乗客が集中したというわけだ。

しかし、銚子鉄道も空襲を受け、仲ノ町車庫と車両１台、変電所が被害を受けた。動力源を失った銚子鉄道は運行不能となり、このことは経営状態に影響を及ぼした。

1958年、客車をけん引して走るデキ3

1963年、砕石輸送のため国鉄無蓋貨車をけん引するデハ301

## バス会社との熾烈な競争に敗れる

１９４８年（昭和23年）に企業再建整備法により銚子電気鉄道を設立。銚子鉄道は新会社に資産を譲渡して解散した。

銚子電鉄といえば「万年赤字」というイメージがあるが、最初から赤字だったわけではない。１９５１年のピーク時には年間１７８万人もの乗降客が利用して黒字経営、利益配当を行っていた時代がある。通勤・通学、観光客のみならず、ヤマサ醤油の輸送業務を行う貨物路線としても活躍した歴史があるのだ。

ところが、１９５０年代に入るとバスとの熾烈な競争が始まり、乗降客数が次第に減少する運命をたどる。１９６０年には銚子電鉄はライバル関係にあるバス会社・千葉交通に買収されて子会社化。親会社となった千葉交通は１９６３年に銚子電鉄廃止の方針を打ち出したのだ。バス会社が買収されるケースはあっても、バス会社がライバルの鉄道会社を買収し、廃止するという流れは極めて珍しいケースだが、弱肉強食の世界である。

さらには高度経済成長期以降のモータリゼーションの波に押され、乗客は徐々に減少し赤字経営は決定的なものに。親会社であるバス会社の方針に抵抗できる術が見いだせない中、銚子電鉄廃線の危機をたびたび救ってきたのは地元市民だった。銚子電鉄の廃止は生活にかかわる問題ととらえ、千葉交通が廃線の方針を打ち出すたびに「代行交通機関としては不便」「運賃が高くなる」「通学児童の安全面に不安がある」などの意見が千葉交通や銚子市当局に寄せられ、銚子電鉄廃止反対の声が沿線住民から上がったのである。

銚子電鉄は赤字経営に苦しみながらも地元住民に必要とされる鉄道会社ということで、なんとか生き残ってきた。

**鉄道会社なのに登録名は「米菓製造業」**

銚子電鉄は、帝国データバンクでは「鉄道会社」ではなく「米菓製造業」と登録されている。「食料品製造販売を手がけている銚子電鉄です」と自己紹介するのが現社長・竹本氏の鉄板ネタだ。

慢性的な赤字に悩まされていた銚子電鉄が、たい焼きの製造販売という副業を始めたのは1970年代のこと。少しでも売上を出すべく、当時大流行していた『およげ！たいやきくん』という歌にあやかった。鉄道会社が駅で食べ物やお土産を販売するのは珍しくないが、製造から行う例はあまりない。銚子電鉄のサバイバル術は、このあたりからメキメキと頭角を現し始める。

1979年、たい焼き用アンコが入っていたブリキ缶を利用して手製ちり取りに加工、1個100円で販売

観音駅でのたい焼き販売は好調であった。以降、銚子電鉄はどんどん副業に力を入れるようになり、たい焼きに続く商品として考案したのが、今や銚子電鉄の定番商品となっている「ぬれ煎餅」だ。１９９５年（平成７年）から販売を始め、今も大ヒットしている。

ヒットのきっかけは、メディアで紹介されたことだった。ＴＢＳの生活情報番組『はなまるマーケット』に第１回目のゲストとして出演したお笑いタレントの山田邦子さんが、ぬれ煎餅を「私の大好物だ」と紹介してくれたのだ。同じくＴＢＳの報道番組『ブロードキャスター』でも取り上げられ、一気にぬれ煎餅ブームがやってきた。

犬吠駅でのぬれ煎餅の実演販売は大人気となり、１９９７年、銚子電鉄は８０００万円の資金を投入し、自社煎餅工場を建設した。仲ノ町駅の駅長が、併設された工場の工場長を兼務した。ぬれ煎餅は地元の名物となり、高速道路のサービスエリアやデパートでも販売されるようになる。当時の鉄道部門の売り上げは約１億円であったが、ぬれ煎餅で、その倍の２億円を稼いだ。

ぬれ煎餅をはじめとする副業の収益は本業である鉄道業の収益を越え、副業だったはずが「米菓製造業」と登録されるに至る。

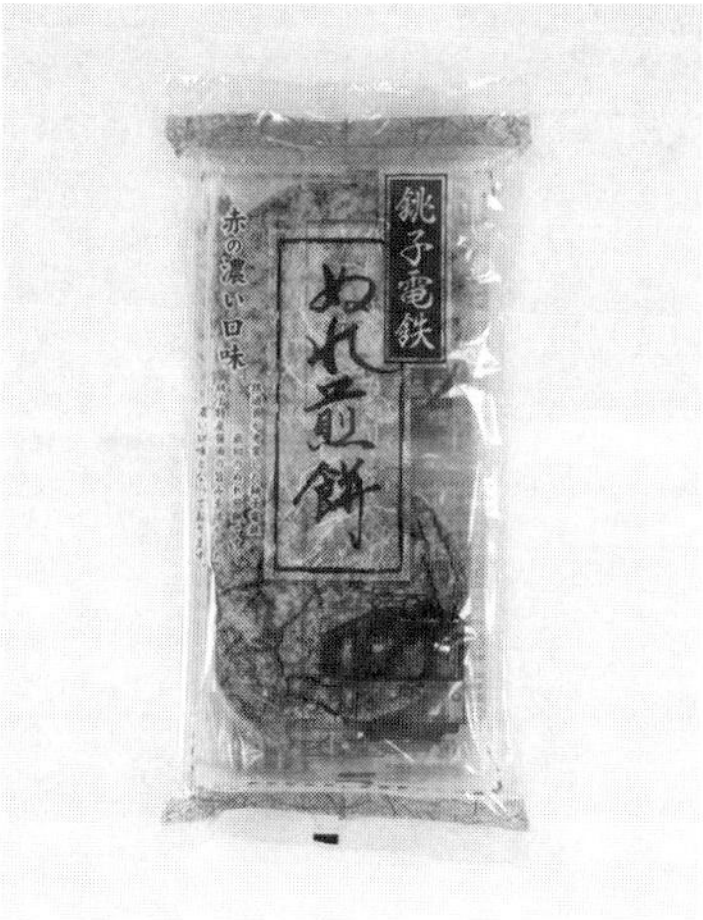


ぬれ煎餅。赤の濃い口味、青のうす口味、
緑の甘口味、それぞれ5枚入で450円

「ぬれ煎餅駅」は銚子駅から車で15分。ぬれ煎餅手焼き体験もできる

「澪つくし記念乗車券」の案内が懐かしい。
1985年撮影

銚子駅。まだオランダ風の風車小屋はない。
1985年撮影

## バス会社の子会社から、工務店の子会社へ

第一次ぬれ煎ブームが来る少し前の１９９０年、銚子電鉄にまたしても大きな転機が訪れた。銚子電鉄が親会社のバス会社から売却されたのだ。

当時、親会社であるバス会社は銚子電鉄廃止案を出すたびに地元住民からの反対を受けていた。ならばと、バス会社は廃止案から方針を転換、銚子電鉄を手放した。売却先は、内野屋工務店という建設会社で、銚子電鉄は工務店の子会社となる。

バブルで景気は右肩上がり、世の中に勢いがあった時代だ。内野屋工務店は工務店ならではの視点で、銚子電鉄の改革にのり出した。それは、老朽化していた駅舎を建て直し、ヨーロッパ調の豪華な駅舎に次々と建て替えていくことだった。

始発駅である銚子駅のホームにはオランダ風の風車小屋をイメージした駅舎、観音駅はスイスの登山鉄道をモチーフにしたメルヘンチックなパステル調の壁に三角形のとんがり屋根の駅舎に生まれ変わった。犬吠埼とポルトガルのロカ岬は友好関係を結んでいるので犬吠駅はポルトガルをイメージしたデザイン、君ヶ浜駅はパルテノン神殿風のゲートだ。旅行代理店がこれらのヨーロッパ風の駅舎を売りにして「メルヘン電車」として紹介してくれ、銚子には多くの観光客が訪れた。

鉄道ファンを驚愕させたこの異色の改革は成功したかに思われた。しかし、バブルが弾けふたを開けてみると、１９９８年、内野屋工務店は７８０億円以上の負債を抱え事実上の破産状態に陥っていた。

一時的には効果を上げた「メルヘン電車」も、その維持には多大な経費が必要だった。赤字経営の中、その維持費を捻出できずに、メルヘンどころか風車のない風車小屋、柱だけのゲートと、ホーンテッドマンションのような有り様に変わっていった。

さらに２００３年、事件が起きた。当時、銚子電鉄社長を兼務していた内野屋工務店の社長が、銚子電鉄の名義で借りた資金を個人的に流用するという不正が発覚したのだ。ずばり、社長による横領事件。２００６年、社長は逮捕される。

銚子電鉄の信用は失墜した。千葉県と銚子市から補助金を受けられなくなり、金融機関からの借り入れもできなくなった。中小のローカル線のほとんどの会社は補助金をもらって運営しており、この公的補助がなければ存続できないというのが現実だ。補助金を打ち切られ、ついに車両点検の費用も払えなくなった銚子電鉄は、国土交通省関東運輸局から輸送の安全に関する事業改善命令を出される。

銚子電鉄は、絶体絶命のピンチに陥った。

銚子駅には、オランダ風の風車小屋が建った

ポルトガルのロカ岬とほぼ同緯度に位置する犬吠駅。駅舎は白の壁に青色のタイルでつくられた

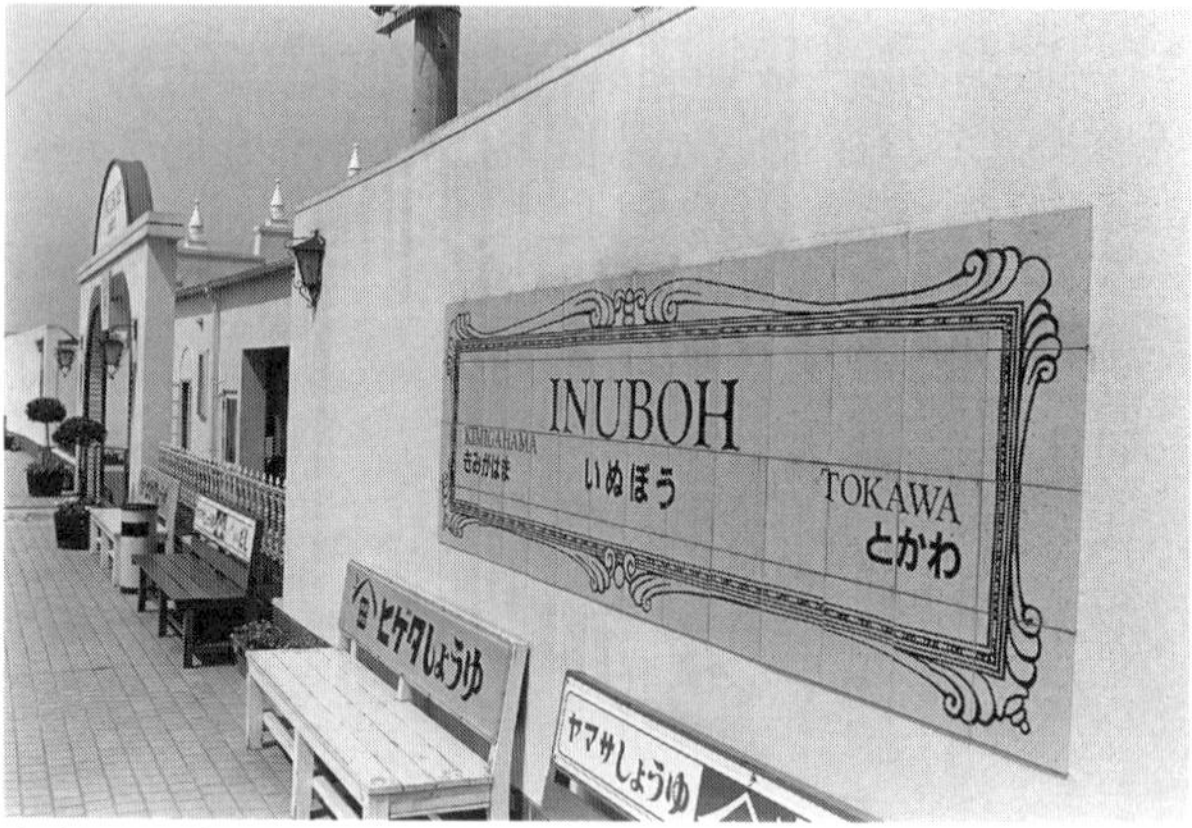


犬吠駅の駅名標も、南国ムード満点だ

## ぬれ煎餅を買ってください

２００５年、ピンチを切り抜けるため、現社長の竹本氏が銚子電鉄の顧問税理士となった。

竹本氏の言葉を借りれば「とにかく、鉄道は金食い虫」だ。線路を1m直すのに10万円、電車の車検には１０００万円以上がかかる。利益を上げるどころか、維持するだけでも相当の資金が必要なのだ。

鉄道という本業はお金がかかるばかりで利益を出すどころでないとなると、生き残るための最後の砦は人気商品であるぬれ煎餅の売り上げを伸ばすことだ。

竹本氏はインターネットでの販売に活路を見いだし、オンラインショップを立ち上げた。立ち上げの経費は捻出できずに、竹本氏自らの小遣いを充てた。銚子電鉄を存続させるために社員たちも必死で、当時の山崎勝哉経理課長が、

「ぬれ煎餅を買ってください」

「電車修理代を稼がなきゃいけないんです」

という、キャッチコピーともいえないお願い文を公式サイトに掲載した。すると、ぬれ煎餅の注文が殺到し、窮地を脱することができた。第二次ぬれ煎餅ブームである。

熱意、そして、行動。プライドも何もかなぐり捨てた熱意と行動が、共感を呼び、人を動かしたのだろう。

２０１２年、竹本氏が代表取締役社長に就任した。

## １日の売上が４４８０円

近年、「未曽有の震災」、「過去最大級の台風」など、想定外の自然災害が頻繁に起きている。「新型コロナウイルス」も地球レベルの災難だ。

２０１１年３月の東日本大震災時には、銚子電鉄の業績も大きく悪化した。風評被害も追い打ちをかけ、銚子を訪れる観光客が激減し、鉄道部門の売り上げはさらに落ち込み、もはやぬれ煎餅の収益だけでは経営を維持できない段階に陥っていた。

２０１９年（令和元年）９月に千葉に上陸した台風15号は、千葉市で最大瞬間風速57・5ｍ／秒と観測史上１位を記録。大打撃が冷めやらぬ２０２０年には新型コロナウイルスが世界中で猛威を振るった。

そんな２０２０年、銚子電鉄は記録を打ち立てた。１日の売上が４４８０円。

銚子電鉄が４月18日に計上した鉄道事業の売上高である。２月頃から新型コロナウイルス感染症がじわりと拡大し、春のツアーはすべてキャンセルとなった。乗客の7割が観光客で、通勤・通学などの定期利用者は全体の2割弱、200人にも満たない。鉄道事業の売上はないも同然だ。

運行も通常1日24往復するところを17往復に減便した。とはいえ、電車を17往復させるのに、どれだけの費用がかかっていることか。「空気を運んでいる」という幹部の言葉は事実で、1日の売上が5000円にも満たないとなると、社員一人の日当にすら満たない。

観光客が減ると、鉄道事業の売上が落ちるだけでなく、副業としているぬれ煎餅など駅売りの菓子類の売上も落ち込む。手持ちの現金はもはや底をつく寸前だ。過去最大の経営危機に陥った。

駅売りの不振で、3章で紹介する「まずい棒」の在庫の賞味期限が迫っていた。

コロナ禍の2020年4月、竹本社長は銚子電鉄公式ツイッターでつぶやいた。

「想定外の出来事で『まずい棒』が在庫の山。ポチッと1袋お願いします（涙）」

するとオンラインショップに注文が殺到し、1袋15本入りのまずい棒1700袋が3日間で売り切れた。想定外のピンチにしぼり出た、掛け値なしの心の底からのつぶやきが、命をつないだ。

## 現金2400円が盗まれた

本書執筆中の2021年2月に起こった盗難事件にも触れておく。犬吠駅の事務室の木製ドアが何者かに無残にも破壊され、室内にあった運賃収入の一部、現金2400円が盗まれたのだ。地元の人や観光客が雨風や寒さをしのいだり、トイレ等を夜間でも利用できるようにと、あえて施錠せずに開放していたのだが、その優しさが裏切られたかたちとなってしまった。犬吠駅には防犯カメラはなく、ちょうど設置に向けて電圧工事などに取り掛かるところだった。

2020年10月には、盗難被害を受けて寄贈された本銚子駅の時計が再び盗まれる事件が発生している。警察へ被害届を出しているがいまだに犯人は捕まっていない。

多くの方から、「ぬれ煎餅やまずい棒を買いました!」「負けないで」など、ご支援やはげましの声をいただいた。

胸が熱くなる。こんなことに負けてなんていられない。試練をチャンスに変えて乗り越えていけと、背中を押されているような気がするのだ。

# コラム① 悲しみ色の車両コレクション

## 現役バリバリ！　銚子電鉄の車両紹介

### ■3000形（デハ3001＋クハ3501）

1963年（昭和38年）製の元京王帝都電鉄5000系車両。伊予鉄道700系を経て、中古の中古という形で2016年（平成28年）に銚子電鉄に導入。特徴的な青のツートンカラーに白帯の車体塗装は、往年のトロッコ列車ユ101「澪つくし号」に由来するもので、銚子の海をイメージしたカラーリング。冷房を搭載しているものの、使用するのは銚子駅と外川駅での折り返し停車中のみ。なぜなら、銚子電鉄の変電所の出力が低いので、2列車が走行すると容量オーバーで使用不能となるため。広大な海の色のはずが、電力節約に励む悲しい涙色の車両。

### ■2000形（デハ2001＋クハ2501）

元京王帝都電鉄2010系。伊予鉄道800系として20年以上運行後、2010年に銚子電鉄に譲渡。車体の色は京王電鉄時代のライトグリーン。足回りは元京王の初代1000系の高回転モーター搭載で高速性能に優れているが、銚子電鉄の変電所ではその性能を活かしきれず、最高速度わずか40㎞／hで悲しく運行中。クハ２５０１は「古き良き日本」を味わえる大正ロマン電車に改装され、米津玄師氏の曲「カムパネルラ」のＭＶの舞台としても使用された。

## ■２０００形（デハ２００２＋クハ２５０２）

２０００形（デハ２００１＋クハ２５０１）同様、元伊予鉄道８００系。２０１０年に銚子電鉄に導入された。その値段はくず鉄同然の１両たったの12万円。しかし、船での運搬費用がなんと３０００万円。ワンマン運転仕様への改造費も含めると、１両４０００万円に。ただし、新車を購入すると1億～2億円はするため、これでも破格の安値。

導入当初は地元イオン銚子ショッピングセンター（現イオンモール銚子）のラッピング車両として運行。イオンとの契約終了後はアイボリーのボディに赤帯塗装、２０１３年にはデハ２００２の一部を紺と赤のツートンカラーに塗り直した。しかし、翌２０１４年には笠上黒生駅にて脱線事故に見舞われた悲しい車両。千葉県立銚子商業高等学校の生徒たちによるクラウドファンディングで修理、再塗装され、現在のベージュと赤のツートンカラーに。悲しみ色を地元の皆さまの愛で銚電旧色復刻カラーに塗り替えられた郷愁色の車両。

大正ロマン電車に改装された2000形（クハ2501）

# コラム①

2000形（デハ2002）をバックに

■デキ3

日本の旅客鉄道営業線の中で最小の全長4・4mのミニ機関車。1922年（大正11年）ドイツ、アルゲマイネ社製。現在は仲ノ町車庫にて保存。車庫は入場券を購入すれば見学できる。

## 今までありがとう！　引退・解体された車両紹介

■デハ1001・デハ1002

元営団地下鉄の車両。「銚子カラー」で運行していたが、デハ1001は銀座線復刻カラーに、デハ1002は丸ノ内分岐線色へ変更。それぞれ2016年、2015年に引退。

■デハ100形 101

1939年製の全長約10mの車両で、下野電気鉄道（現在の東武鬼怒川線）から購入。NHK朝の連続テレビ小説『澪つくし』で使用されたが、鉄道ファンから「屋根の上の集電装置が当時と違う」とクレームが寄せられた悲しい車両。1999年廃車、笠上黒生駅で物置として使用後、2009年解体。現在は台車のみが東武博物館と上毛電機鉄道に保存されている。

■デハ200形 201

おへそのような丸いヘッドライトが特徴。京成電鉄高砂工場の火災で被災したモハ46の足回りとモニ7の台枠を合体させ、そこに新しい木造の車体を載せて造ったいわくつき（?）の車両。後に、木造車体に鋼板を貼って補強。故障が多かったため使用期間が短く知名度の低い悲しい車両。現在は解体され、仲ノ町車庫の車両ジャッキに車両の一部を使用。

■デハ300形 301

1930年製の元鶴見臨港鉄道（現JR鶴見線）の工業地帯で活躍した56kWモーター4台装備のパワフルな車両だったが、銚電では容量オーバーのためパワーダウンして使用された悲しい車両。途中で旅客輸送から外され架線点検車となり、2008年廃車、2009年解体。

■デハ500形 501

元上田交通（上田電鉄）の1947年製の全長11m足らずの小型車両。引退後、犬吠駅構内のレストランに改造され、一部その車体が残っていたが、それも2012年7月に解体。

デハ300形 301

デハ700形 702

デハ800形 801

**■デハ700形 701・702**

1928年に近江鉄道に導入され、1978年に50年物の骨董品として銚子電鉄へ譲渡された車両。2010年に引退し、いすみ市にあるポッポの丘で静態保存されている。

**■デハ800形 801**

1950年に帝國車輌工業で製造され、伊予鉄道100形として活躍。銚子電鉄に導入後も主力車両として使用されていたが車両代替で現役を引退、現在は休車扱い。

**■ユ100形 ユ101**

元国鉄の貨車ワム80000形を改造したトロッコ客車。沢口靖子さん命名の「澪つくし号」として2006年まで運行され、その後は笠上黒生駅に留置してあったが保存状態が悪く修理不能なため、2012年3月31日で廃車。

# 第2章

# あきらめない「竹本勝紀」という人物

もと顧問税理士が、どのようにして名物社長になり、なぜ支持されているのか。

## 出会いは「ありがとう駅」

私と銚子電鉄代表取締役社長の竹本勝紀氏が出会ったのは2016年（平成28年）2月のこと。私がちょうど『ありがとう』というタイトルの本を出版したばかりの頃、新聞で「ありがとう駅」の記事を見つけた私の父が、「『ありがとう』という駅が銚子電鉄にできたようだ。本を駅に置かせてもらったらどうか」と教えてくれたのだ。ネーミングライツによって、外川駅が「ありがとう」という駅名に決まり、駅舎内の待合室に「ありがとう」や「感謝」をテーマにした絵本が30冊ほど置かれ、観光客や地域の子どもたちが自由に読める空間になっていた。

私は早速銚子電鉄に連絡を取ってみた。

「銚子電鉄さんの『ありがとう駅』を感涙駅第1号に認定させてください」

私の申し出に、当初竹本社長は戸惑いを見せた。

実は、私は「全米感涙協会」の会長を務めている。会員は1万9000人程で、能動的に涙を流して心のデトックスを図る「涙活（るいかつ）」を行っている。泣ける映画や泣ける音楽などを「感涙〇〇」として認定することも活動の一つで、映画『蜩《ひぐらし》ノ記』を感涙映画に認定して主演の役所広司氏に涙のトロフィーをお渡ししたエピソードなどを話すと、

「意外とちゃんとした団体なんですね」と笑って受け入れてくれた。

それ以来、「お化け屋敷電車」や「まずい棒」のプロデュースをさせてもらってきた。今では銚子にちょくちょくお邪魔するような間柄だ。

## 顧問税理士だったが断り切れず

竹本社長の本業は税理士だ。現在も税理士としてさまざまな企業の相談を受けている。銚子電鉄とのかかわりは、２００５年、本業の税理士として銚子電鉄の顧問税理士となったことがはじまりだ。

２００８年には、当時の銚子電鉄社長の引き立てもあり社外取締役の任に着いた。当時の社長というのは、ぬれ煎餅事業を軌道に乗せた立役者だが、高齢で体調が悪くなり、２０１１年の東日本大震災によって悪化した業績を立て直すための舵取りは難しい状況だった。

翌２０１２年の取締役会で、会社の指揮を当面執るピンチヒッターが必要であるとの判断が下された。顧問税理士だった竹本氏にも、銚子電鉄の懐事情は明白だった。

しかし、預金残高は50万円、借金は２億円。そんな倒産寸前の会社の社長を引き受けたいと思う人がいるわけもない。

すると、オブザーバーとして取締役会に来ていた顧問弁護士からこんな声が上がった。

「竹本さんに、数カ月の間だけでも一時的に代表に就任してもらってはどうだろうか」

長期的な改善計画を策定する必要があり、そのためには専門知識を持っているスペシャリストが適任であると、白羽の矢が立ったわけだ。この提案に他の役員たちも賛同し、竹本氏は「断り切れず」代表取締役に就任することとなった。

「数カ月の間なら……」

あくまでもワンポイントリリーフのはずだった。

## 社長兼電車の運転士

社長に就任してあることに気がついた。銚子電鉄は、慢性的な資金不足であると同時に、慢性的な人手不足にも苦しんでいたのだ。

銚子電鉄の運転士は4人。4人でダイヤをまわすとなると、体力的にもかなりの負担で、休みもとりにくい。本社や工務担当で運転免許を持つ予備運転士が数名いて、夕方の時間帯を中心に交代で乗務していたが、それでも人数は足りない。竹本社長は運転士にかかる

運転をする竹本社長

2020年には「アイドル車掌」でもある
袖山里穂氏も運転士試験に合格！

負担を少しでも軽減しようと、自ら電車の運転免許取得をめざした。それが、２０１６年のことだ。

筆記試験は1週間ほどの勉強で難なく合格できた。しかし、技能試験は勉強だけでは足りず、不合格という残念な結果が続いた。筆記試験合格から1年3カ月後、3度目の挑戦でやっと技能試験に合格、無事に電車の運転免許を取得した。本業の税理士の仕事、経営難の銚子電鉄の立て直しに奮戦しながらの快挙である。

「おかげさまで『社長自ら運転⁉』と自虐ネタがひとつ増えました。自虐ではなく、笑ってもらえる自虐になるようにと、私は『自ギャグ』と呼んでいるのですが。電車の運転士といえば昔から男子の憧れの職業です。子どもの頃の夢が叶ったと思って喜んで運転していますよ」

と竹本社長は笑ってのける。現在は週に1日から2日ほど、予備運転士として運転シフトに組み込まれている。

電車を運転するだけにとどまらない。「ＤＪ社長が運転する貸し切り電車」なるものまで始めた。「ＤＪ」というのは「ディスクジョッキー」だけではなく、「ドン引きする冗談」の略でもあり、「ＤＪ列車」は、自らがＤＪ風にギャグを織り交ぜながら観光案内をする貸し切り列車だ。

## 副業集団のロマンチスト団長

銚子電鉄の役員体制は少々変わっている。取締役8名全員が本業を別に持ち、皆さん副業として銚子電鉄の取締役を務めているのだ。副業といってもほぼ無報酬で、銚電愛あってのボランティア活動に近い。竹本社長は、「役員報酬は月収ぬれ煎餅30枚円で皆さんに取締役をお願いしている」と言っているが、あながち冗談でもない。

なぜ彼らは無報酬で銚子電鉄の役員を引き受けたのだろうか。

旅行代理店幹部の役員・柏木亮常務は、ある意味本業以上に熱心に企画立案や運営を担っている。中央大学鉄道研究会出身の彼は小田急ロマンスカーの大ファンで、実は銚電ファンではない。そんな彼を、竹本社長が「ウチにはロマンスカーはないけど、ロマンはある」と説得した。今では銚子電鉄の広報をはじめプロデューサー的役割も担う重要なポジションに就いている。

リクルート出身で現在は有名企業の副部長を務めているという取締役もいる。彼は「本業に徹していればもっと偉くなっているはず」な人であるにもかかわらず、「乗りかけた

3000形（デハ3001）をバックに

電車ですから」と銚電の立て直しに日々奮闘し、「本業に邁進することも一つの選択肢だけれど、いつか年老いて自分の人生を振り返ったとき、やっぱりあのとき、銚電にかかわれてよかった。おもしろかったなあときっと思えるに違いない」と語っている。

竹本社長は言う。

「本業からちょっと外れているところに、仕事だけではたどり着けないおもしろさやロマンがあるのではないか」

銚子電鉄は、おかしなことばかりやっている妙な集団と思われているかもしれない。しかし、「銚子電鉄を走らせ続ける」という目的のために、仲間とともに報酬度外視で自身も走り続けるロマンチスト集団であり、その団長が竹本社長なのだと、私は思っている。

## 凍結されていた補助金を復活

自虐ネタや突拍子もないアイデアマンであることにスポットがあたるが、竹本社長の第一の功労は、凍結されていた県や市からの補助金を復活させたことだろう。

第１章でも述べたが、銚子電鉄は、２００４年に当時の社長が会社の資金を使い込んで逮捕されたことがきっかけとなって県や市からの補助金を打ち切られていた。ローカル線にとって補助金は命綱で、その命綱を断ち切られた銚電の資金繰りは急速に悪化。ついには労働組合から借金して給料を支払うという状況にまで追い込まれていた。

その頃の銚子電鉄は、鉄道事業が赤字を膨らませ続ける一方で、ぬれ煎餅の事業が比較的好調に推移し、電鉄部門の倍の売上をあげていた。

「このままぬれ煎餅の収益を保ちながら運賃改定で電鉄部門の底上げをして、補助金を復活できるなら、支援してもいい」

というメインバンクの後ろ盾のもと、千葉県中小企業再生支援協議会の協力を受けつつ、どうにか15年間にわたる再生計画を立てることとなった。

同時に、地元の有識者や財界を代表する方々で構成される「銚子電気鉄道運行維持対策協議会」を市役所内に設置、銚子の町に本当に銚電は必要なのか否かを徹底的に議論し、再生計画の進捗内容を逐一報告しつつ、銚電の必要性を訴え続けた。この最大の目的こそ10年前に打ち切られた公的補助の復活だったのだ。

この協議会では、民営化前の国鉄の労働組合のように、社員たちが構造改革に反発してボトルネックになるんじゃないか、という懐疑的な声もあったそうだ。しかし、竹本社長は顧問税理士、そして社外取締役として会社を見ていく中で、労使一体となって再生に向かって取り組んでいけるのではないかという感触を手にしていた。

この直感を信じ、

「改めて心機一転、しっかりとぬれ煎餅を売りながら、運賃改定を含む経営改善策を忠実に実行し、地域の皆さまに必要とされるような電鉄会社として歩んでいきたい。そのために補助金をお願いいします」

と県と市に頭を下げて、10年ぶりに補助金を復活させた。

数カ月のワンポイントリリーフ社長だったはずが、その功績と奮闘ぶりから続投を求める声が上がり、銚子電鉄再建のため現在も代表取締役として社長業を続投中だ。

## 最大の武器「絶対にあきらめない」

竹本社長の経営上最大の武器は、「絶対にあきらめない」ことだ。私も幾度となくこの言葉を耳にしてきた。実際にあきらめずに奮闘する姿を目にし、一緒に行ったプロジェクトで危機に瀕し、私自身が諦めそうになったときにも、「絶対にあきらめない」に鼓舞された。

「絶対にあきらめない」と決めている人は強い。常に倒産危機と直面している竹本社長に、まったくと言っていいほど悲壮感がないのはそのせいだろう。何があろうと、どんな事態に瀕しようと「絶対にあきらめない」ことだけは決まっているのだから、前進あるのみだ。

人への接し方にも「絶対にあきらめない」精神を感じる。竹本社長がよく使う言葉に、「来る者拒まず、去る者追う」というのがある。人との距離感が難しい今の時代、こういう考え方をする人は少ないように思うが、お互いに理解し合えるまであきらめない、という精神が垣間見られるのだ。

## 「みんなの夢AWARD8」準グランプリ受賞

2018年、竹本社長は『みんなの夢AWARD』で準グランプリを受賞した。

「みんなの夢AWARD」とは、ワタミの創業者である渡邉美樹氏が主宰する公益財団法人「みんなの夢をかなえる会」が毎年開いている「夢」を応援するためのビジネスコンテストだ。自分の夢をどのように社会課題の解決につなげるか、どのようにビジネス化するかについてプレゼンテーションを行い、応援企業からの支援を勝ち取る。竹本社長は、525組のエントリーの中から準グランプリを獲得。企業家で構成された審査員評ではグランプリ受賞者と同点だったというから、評価は高い。

イベント当日、竹本社長は運転士の制服を着用して何千人もの聴衆の前で銚子電鉄のこれからのビジネスプラン「ふるさと運転士」についてプレゼンテーションを行った。

「ふるさと運転士」は、「撮り鉄」「乗り鉄」などさまざまなジャンルが存在する鉄道ファンの中でも、電車の運転をしてみたい「運鉄」に焦点をしぼり、「運鉄」を養成し、電車の運転資格を取ってもらい、休日には運転士として銚子電鉄に乗務するという画期的なアイデアに基づいたビジネスプランだ。鉄道好きの「電車を自分で運転してみたい」という夢を叶えつつも、銚子電鉄の慢性的な運転士不足も解消できる。さらに教習料金の収入が見込まれ、それを収益の柱に育て上げる。会場で、働き方改革も意識した地方創生モデルともいえるこのビジネスプランを聞いたとき、目の付け所が違うと唸ってしまった。規制などにより若干の壁はあるそうだが、ぜひとも実現してほしい。

高度経済成長期、都市と地方をつなぐ整備新幹線や高速道路が次々とでき上がった。都市と地方が均等に発展することをめざしたはずだったが、結果は、地方の人材や富を都会へ吸い上げるストロー現象の原因となった。「余暇を利用して都会から優秀な人材に来てもらい、力を発揮してもらう。それが町を救う地方創生のロールモデルになれば」と、「逆ストロー現象」を起こすことを目論んでいる。

## 「AIDMAの法則」を手本に

竹本社長が用いる経営戦略に「AIDMAの法則」というのがある。これは1920年代にアメリカのローランド・ホール氏が提唱した消費行動の仮説で、「AIDMA」は「Attention（注意）」「Interest（関心）」「Desire（欲求）」「Memory（記憶）」「Action（行動）」の頭文字をとったものだ。消費者があるモノを知り、そのモノを購入するという行動に至るまでの心理的プロセスのモデルで、「知る→興味を持つ→ほしいと感じる→記憶する→購入する」というプロセスを踏むのが消費活動の法則だと説いている。

竹本社長は、「AIDMAの法則」を手本に、「あ、おもしろそうだな。行ってみよう」と思ってもらえるような企画をひたすら地道に実践している。自虐ネタも、ダジャレも、パクリ戦略やSNSでの炎上騒動も、何でもいいから注意をひく、まずは関心を持ってもらう、という意味では、十二分に効果を発揮している。

## 命名・ミルフィーユ改革

昨今はメディアに頻繁に取り上げられ、「あの銚子電鉄が……」といった具合に、「何をしでかすかわからない会社」としての認知度が高まっている。

注意・関心をひくことによって、銚子電鉄の意図を超えた思わぬ救いの手が差し伸べられたこともあった。例えば、銚子電鉄のために高校生たちがクラウドファンディングを募ってくれた。例えば、テレビ局から本銚子駅のリフォーム企画を提案されたこともあった。本来ならリフォームしたくてもリフォーム工事費用を捻出できずに古い駅舎のままだったはずが、立派に生まれ変わった。

困難な状況下、自分だけでなんとかしようとしても限界がある。

「やっぱり、自分ひとりの力ではどうしようもない。だから社長就任以来なるべくいろんな方と知り合って、開かれた鉄道会社だと思ってもらえるように、地域の方とかかわるようにしてきた。社員たちにも『みんなの力が必要なんだ』と言い続けている。昨日よりも今日、今日よりも明日……。みんなで力を合わせて小さな革新を積み重ねることが大切だ」

竹本社長は、こうしてみんなの力を積み上げ形づくっていくことを「ミルフィーユ改革」と呼んでいる。さしずめ、薄いパイ生地を重ねて形あるものにしていくようなものだと。

そして、ミルは日本語で「千」、フィーユは「葉」、つまり千葉を意味している。

## 「グローカル」鉄道のモデル路線として

竹本社長が、ローカル線が存続していく意義であり、生き残る道標でもあるとして提唱するのは、「グローカル」鉄道化だ。「グローカル」というのは、「グローバル」と「ローカル」を掛け合わせた造語で、銚子電鉄は、「グローカル」鉄道のモデル路線として、さまざまな試みに挑戦し、国境を越えた地球規模の「グローバル」な視野で、草の根の「ローカル」活動で地域に貢献している。

ローカル路線が単独で生き残っていくのは苦難の道だ。そこで、ローカルとローカルをつなごうと、いすみ鉄道をはじめとした他ローカル線と連携をとり、ローカル線同士で情報や問題点を共有し、意見交換を行っている。

2017年4月には、台湾のローカル線「蘇澳（すおう）線」と姉妹提携を結んだ。蘇澳線は全長およそ3・4㎞の台湾の鉄路管理局が運営する公営鉄道で、銚子電鉄とは、漁港、観光資源といった共通点がある。両者ともに太平洋に面する漁港に通じ、銚子は温泉、蘇澳は冷泉が観光名所となっている。

2017年に台湾の蘇澳線と姉妹提携を結んだ

姉妹提携を記念したヘッドマーク

狙いは、相互の鉄道を通じた誘客にある。年々、台湾から日本を訪れる旅行客は増加傾向にあったため、日本の有名観光地を行き尽くしたリピーターからは、まだ行ったことのない地方の穴場が求められていた。このようなニーズとうまくマッチングさせることで、穴場観光地として銚子も注目され、観光客の増加が見込める。

蘇澳線との姉妹提携によって、お互いの地元特産品や観光スポットをアピールしあい、地域全体の活性化につなげていくことも可能だ。

竹本社長はこれを「地域旅行会社」と考えている。このような役割を担うことが、国内のみならず世界中から観光客が銚子を訪れるきっかけにつながるかもしれない。銚子電鉄は、国際交流の促進、地域経済の活性化をめざしている。

## 「試食」がだめなら「自食」、それでもだめなら「辞職」

銚子電鉄の主な収入源である食品販売にも新型コロナウイルスの影響で暗雲が立ち込めている。観光客数が激減し、お土産品の売上がガタ落ちになったのだ。しかも、わざわざ来ていただいたお客さまに対しても試食販売という手法が取れない。味見して、おいしさが伝われば購入してもらえるかもしれないのに……。

ジレンマを抱えた竹本社長はひらめいた。それは、社長自らが商品を食べて味を食レポし、おいしさを保証する「試食販売」ならぬ「自食販売」だ。しかも、「売れなかったら、辞職します」（正確には辞任だそうだ）というオチまでついた徹底ぶり。

「コロナで試食ができないので、私が皆さまの代わりに自ら食べるという自食販売！」

店頭に立ち、講談師さながらになめらかな口調で観光客に呼びかけ試食ならぬ自食をして見せると、観光客らは「社長があんなにたくさん食べているから、本当においしいんだろう」と大盛況だった。

## 「ぬくねこ電車」炎上に謝罪

こんな炎上騒動もあった。

千葉県出身の専門学校生が、銚子を盛り上げ、ローカル鉄道の乗客を増やす一助になればと、電車内で猫と触れ合える「ぬくねこ電車」というイベントを企画した。猫カフェの協力を得て、学校側が主催するかたちで実施が予定されたのだが、ＳＮＳで批判が噴出し、「ぬくねこ電車」は中止、代替イベントの実施となった。

企画した学生は、ＢＧＭを使って電車の音に関する猫の負担を少なくするといった対策を講じ、学校側も協力予定の猫カフェに音や振動にも大丈夫な猫をお願いするなど配慮はしていたようだが、猫の負担や安全面への懸念が炎上を招いてしまった。

主催者側と銚子電鉄で協議した結果、銚子電鉄が猫を使ったイベントの中止をネット上で告知するに至った。

「動物のストレスに思いが至らず、取り扱いに関する専門知識がないまま、安易に話を進めてしまった」といった謝罪文を掲載すると、驚くべきことが起きた。迅速かつ真摯な銚子電鉄の対応に感銘を受けたと、ある愛猫家さんから銚子電鉄への支援を表明する書き込みが確認されたのだ。

生き物を活用したイベントは配慮にも限界があり、批判を浴びるという残念な結果に終わってしまったが、その時の真摯な対応によって愛猫家の方から支援を表明していただくという奇跡が起きたのだ。

銚子電鉄にはときどき、嫌がらせの連絡が来ることがある。1時間にも及ぶクレームの電話が入ることもあれば、「死ね」と赤字で書かれた差出人不明の手紙が届くこともある。心乱れるような内容であっても竹本社長は感情に溺れずに恬淡《てんたん》として対応する。

「房総に住んでも、心の暴走はしない」

会社も自分も客観的に見て生きていくことを心がけている。困難に直面した時にこそ、その人の人となりが出るものである。

## メディアとの親和性の高さも吉

２０２０年10月放送のテレビ朝日『ザワつく！金曜日』で、銚子電鉄の映画『電車を止めるな！』が取り上げられた。スタジオでは銚子電鉄への協力について、「３人がただで映画に出演する」「ヴァイオリンの車内コンサート」「車掌役をやる」等の意見が出て、大変盛り上がっていた。

２０２０年９月放送のテレビ朝日『ビートたけしのＴＶタックル』に竹本社長がゲスト出演した際には、コロナ禍で窮状を訴える竹本社長に対して、コメンテーターの杉村太蔵氏が「なんで鉄道にこだわっているんですか。バスでいいんじゃないですか」と主張し、その後もネットで賛否両論が巻き起こった。

「バスでいい」と息巻く杉村氏に、ローカル鉄道のよさと銚子電鉄の存続を淡々と語っていたのが印象的だ。竹本社長がそんな杉村氏に怒っているかといえばそんなことはない。どんなかたちであれ、銚子電鉄を取り上げて話題にしてくれることはありがたいと考えている。

スポーツコメンテーターのヨーコ・ゼッターランド氏が、竹本社長の「声がいい」と番組内でほめていた。心地よい美声と穏やかな口調は発言に説得力を増すものだと番組を見ていて感じた。

銚子電鉄も竹本社長もメディアと非常に親和性が高く、ニュースや情報番組、バラエティにまでひっぱりだこだ。奇想天外のアイデアや、開き直ったギリギリの自虐発言、銚電存続のためならなりふり構わない実行力はメディアに取り上げられやすい。

## YouTubeチャンネル開設、人気YouTuberに

銚子電鉄は2020年7月に「Official銚電ism激辛《げきつら》チャンネル」というYouTubeをスタートさせた。社長自らが前面に立って窮状を訴え、自らピアノを弾いたり、ライブ配信を行ったり、人気YouTuberと対談したり、最後まで飽きさせない工夫が施されていて、再生回数60万を超える回もある人気ぶりだ。

コメントを見ると、「いきなり代表が出てきちゃうのが好感度が高い」と評判も上々で、話しのテンポや間の取り方も芸人顔負けだ。以前、オリエンタルラジオの中田敦彦氏との

YouTubeの画像にも自虐臭が漂う

自食で実況をする竹本社長

対談に立ち会った際に、中田氏が少々押されているようにすら感じる竹本社長のトークスキルに驚かされた。

常に人を楽しませたいという根っからの喜劇人のユーモアセンスがいかんなく発揮されているので、ぜひYouTubeで竹本劇場をお楽しみいただきたい。

本章で並べたエピソードから、皆さまは竹本社長を豪快で剛胆な人物と思われるかもしれない。しかし実際は、電話をかける際には必ず事前にLINEで「今お電話大丈夫でしょうか」とこちらの都合をわざわざ聞いてくるといったきめ細かで気配りの人でもある。まずい棒についての取材を受ける際にも「考案したのは寺井さんなのに寺井さんのことをテレビで紹介できなくて申し訳ない。メディアの人には寺井さんの話をいつもしていて、全米感涙協会の話とか笑ってくれます」と、リクエストしていないところまで配慮してくれる。現に、私が初対面の人と名刺交換をする際に「あなたが寺井さんですか。竹本社長から寺井さんの話を聞きました。会いたかったです」と言われるケースも少なくない。

# 第3章

## 自虐ネタの原点
## 「まずい棒」開発ヒソヒソ話

ただの思いつきを、商品化するまでのドタバタな顛末（Y社さんに感謝）。

今やお馴染みの
「まずい棒」

## 「経営状況がまずい」ので、「まずい棒」

竹本社長は常に、「我が社の経営をどうにかしなきゃいけない、このままではまずい。何かたい焼きやぬれ煎餅に続くヒット商品を考えなきゃいけない」と、頭を悩ませていた。微力ながら何かお手伝いできることはないかと私なりに頭をひねり、こんな提案をした。

「まずい棒、というのはいかがでしょう?」

「銚子電鉄の経営状況がまずい」というのをもじって「まずい棒」というスナック菓子を販売してみてはどうかと思いついたのだ。「まずい棒」と聞いて皆さんがまず思い浮かべるのは、Y社の国民的スナック菓子「〇まい棒」だろう。私も幼少の頃から〇まい棒が大好きで、小銭を握りしめて駄菓子屋に買いに行ったものだ。

まずい棒は、子ども時代の懐かしい思い出からヒントを得た。口当たりの軽いスナック菓子なら小さな子どもからご年配の方まで食べられるし、まずい棒というネーミングは若い層にウケるのではないかと目論んだ。それに、スナック菓子なら単価も安く、手に取りやすい。これならイケるという確信があった。ところが、である。

「まずい棒……ですか?」

私としては渾身のアイデアだったが、竹本社長の反応は鈍い。

「長期的に検討しましょう」

　竹本社長は私より20歳ほど年上のため世代間ギャップがあり、子どもの頃に○まい棒を食べたという年代ではない。私の度重なる説明に、最終的にはこのアイデアに賭けてみようという気持ちになってくれ、とにもかくにも商品開発に取りかかることになった。

## 牛のよだれを混ぜてもいいのか

　肝心の味はどうしようかと、竹本社長と話し合った。まずい棒というからにはまずくなくてはならない。おいしいものを考えるならともかく、いかにまずいものをつくり出すかを大のおとな二人が顔を突き合わせ必死に考えたのである。「食品なのにそんな不衛生な！」とお叱りを受けそうなアイデアもあるが、まずは常識を度外視し、タブーを恐れず、とにかく発想するということに主眼を置いた。

　竹本社長からは「牛のよだれを混ぜたらどうか」という案が出た。そんな商品に食品衛生法の許可が下りるはずもなく、もちろん本気で言っているわけではない。「商いは牛のよだれ」という諺から思いついたそうだが、思いついたことを、まずはそのまま口に出してみて、私とのやり取りの中で新たな発想につなげたり、そこからの飛躍を狙ったりする。

もちろん私は「いや、それはまずすぎるでしょう」と即答だ。

このアイデアは、以前読んだ、清水義範氏著の小説『全国まずいものマップ』もヒントになっていた。清水氏は「名物にうまいものなし」と、全国まずいものマップをつくろうと思ったのだそうで、いろいろまずい材料を入れたものを売るというストーリーの、奇想天外な悪ノリぶっとび小説である。

とにかくまずは発想が大事。それも常識からはみ出すようなものがむしろ望ましい。その点で、私たちの意見は一致していた。常識の枠に収まっていては生き残っていけない。

## そもそも「まずい」味とは

改めて、「本当にまずい」とはどんな味だろうか。これまで食したものを思い返してみても、「おいしくない」「好きな味ではない」と思うことはあっても、「まずい」と心底辟易したとことはない。

そこで、初心に立ち返り、そもそもまずいとはどんな味なのか、どんなものをまずいと感じるのかをとことん突き詰めていくことにした。

まず私が口にしたのは「激辛がまずいんじゃないか」という意見である。私自身は辛いものがあまり得意ではないので、外食時のメニューからまず辛いものを除外している。が、この案は竹本社長から却下された。激辛料理を好んで食べる人は大勢いるというのだ。ならば、ものすごくすっぱい味はどうだろうか。苦味はみんな嫌いじゃないか。しかし、梅干しや紅ショウガの酸味が欠かせない料理もあるし、ビールやコーヒーなどを考えると、その苦みが堪らないと嗜好する人も多い。

なかなか「これがまずい」という案は出なかったが、アイデアを出し合い、研究を重ねた結果、一つの結論が出た。

「結局、無味無臭が一番まずい」

さっそく、芳醇な香りも豊かな味わいもない「究極のまずさ」と思われる「無味無臭」を固形化してみた。しかしでき上がったそれは、ただの氷だった。商品開発の難しさを思い知った。

まずい棒というアイデアがどうしても形にならない。我々は壁に突き当たった。時間だけが刻々と過ぎていく。

そんなとき、父からこんなことを言われた。

「まずいものを買うなんて罰ゲームぐらいだろう。それじゃあ食べたとしても一度きりだ。

リピートしてもらえる商品じゃないとダメなんじゃないか」

一筋の光が見えた。まずいものにとらわれていたが、その一言で解放された気持ちになった。

「経営がまずいからまずい棒。味は普通においしくしましょう」

竹本社長に電話でそう話すと、

「なるほど！　確かに、まずいものをお客さまにお出しするわけにいかない。それでいきましょう！『名物にうまい物なし』という。私も名物社長なんて呼ばれて面映ゆい思いもするが、名物社長もうまくない。まずいが丁度いい」

この発想の転換に行きつくまでに、開発スタートから2年を要した。

## ホラー漫画家・日野日出志先生によるキャラクター

お客さまに、実際に商品を手に取ってもらえるかもらえないかにおいて、パッケージデザインは非常に重要な要素だ。

パッケージデザインのイメージはできていた。というより、提案する時点で、ホラー漫画家の日野日出志先生にキャラクターを描いてもらうイメージが、私の中で膨らんでいた。

子どもの頃から大ファンの巨匠にキャラクターデザインを依頼したい。

日野先生の残虐描写はむしろ食欲をなくすのではないか、日野先生のキャラクターデザインは食との相性が悪いのではないかとの不安もあった。しかし、日野先生ご本人からかつてこんな話を聞いていた。

「もともとはギャグマンガを描きたかった。今は、心温まるような絵本を描いてみたいんです」

ギャグマンガに出てくるような楽しくおもしろいキャラクター、絵本に出てくるようなかわいらしいキャラクター。どちらもスナック菓子のパッケージとしてピッタリではないか。

そんな思惑を胸に、日野先生と一緒にＴＯＫＹＯ ＦＭのラジオに出演した際の帰り道で喫茶店にお誘いし、まずい棒のキャラクターデザインを依頼した。

「え、まずい棒……？　本当につくるんですか？」

日野先生は苦笑いだ。

日野先生は過去に「銅羅衛門」というドラえもんのパロディを描いている。パロディは公然として認められているジャンルであるとしながらも、銅羅衛門が自分の代表作の一つと思われることに抵抗を感じていたのだった。日野先生のその思いを知った上で、国民的スナック菓子のパロディ的なデザインを依頼してもいいものか、自分の中でも迷いはあった。

しかし、銚子電鉄の倒産の危機を救うためにはヒット作に仕上げなくてはならない。日野先生に銚子電鉄の窮状を伝えて、説明を続けた。

「なるほど。銚子電鉄のお役に立てるなら」

と最終的には快諾いただいた。私は胸をなでおろした。

皆に愛されるキャラクターをつくろうと、竹本社長をモデルに、私の方でキャラクターのラフを二つ描いてみた。そのうち一つが、実際に起用された「まずえもん」だ。漢字では「魔図衛門」と書く。赤字経営だけに、目は赤く血走らせた。日野先生のホラー漫画の要素も取り入れている。電車の車輪は、「経営状況がまずい」に引っ掛けて、火の車にした。

もう一つは犬のキャラクターである。これは戌年生まれの竹本社長からのリクエストで、銚子電鉄の駅「犬吠」にもかけている。

ラフと、制服姿の竹本社長の写真を日野先生に渡して、実際にキャラクターを描いてほしいと依頼した。

後日、待ちに待った日野先生のデザイン案ができ上がった。

竹本社長に見せると大変喜んでいた。もちろん、私自身もイメージどおりのデザインで、きっと多くの方に手に取ってもらえるに違いないとうれしい気持ちになった。まずえもんも犬も、どちらのデザイン案も捨てがたいが、相談の結果、まずえもんを採用することにした。

パッケージデザインは何の滞りもなく、順調に進んでいた。

ところが、実際にカラー化したときに、問題が起きた。「血走った目が怖い」問題である。竹本社長が家族に見せたところ、全員が反対したのだそうだ。

「この血走った目だけは怖すぎる。何とかして！」

血走った目は一般ウケしないらしい。今回は「皆に愛されるキャラクター」でなければならない。

ご家族の意見を参考に、日野先生に優しい表情に手直しを依頼した。絵本作家としての道にも進み始めた日野先生にとって、「皆に愛されるキャラクター」づくりは、新しいファン層の獲得につながった。結果、このマイナーチェンジは成功だったと思っている。

日野先生によるデザイン案

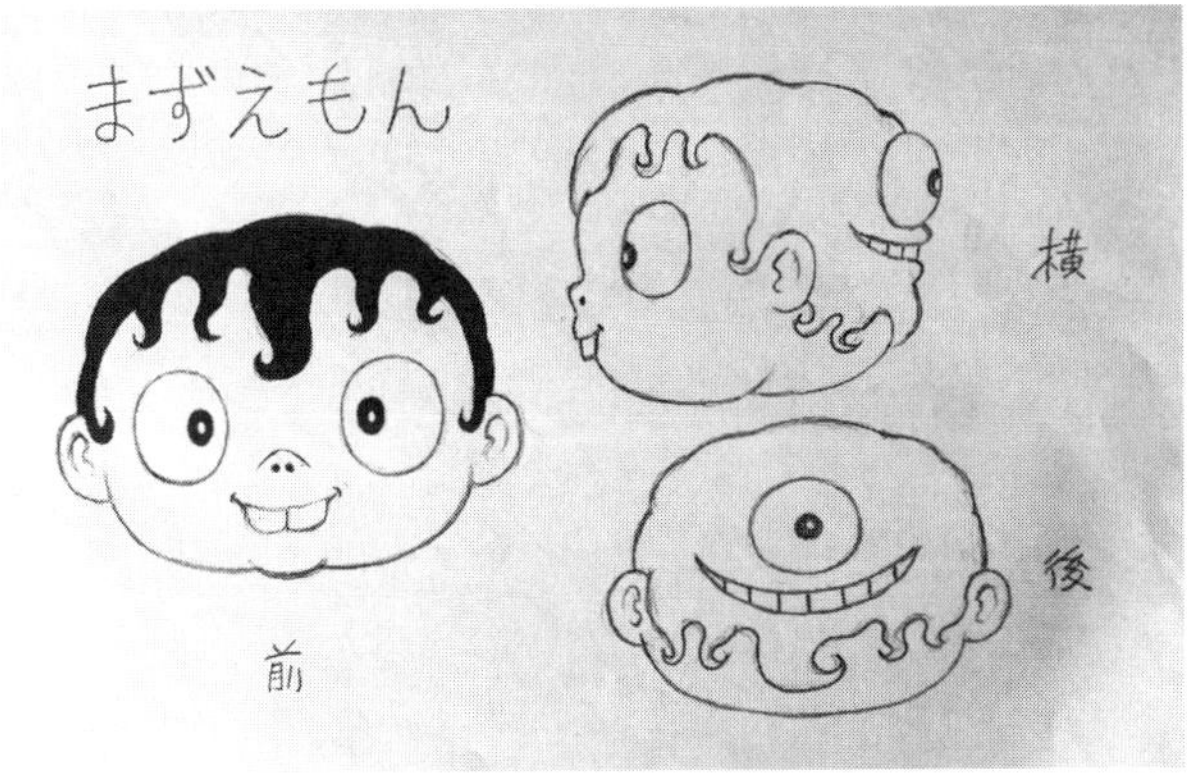


まずえもんの後頭部にはもう一つの目がある

商品化されたパッケージのまずえもんは、愛されキャラに変身

## 困惑する「Y社」さんを説得

まずい棒を販売するにあたって、とてもうまい、あの「○まい棒」をつくっているY社さんに仁義を通しておくべきだ、という話になった。

決して敵対心を持っているわけではなく、あくまでも先行商品に対するリスペクトを前提としたオリジナル商品なんだということをご理解いただくべく、代表して私がY社さんに事情を説明することとなった。

Y社さんの本社の連絡先を調べ、意を決し、電話をかけた。ところが、いくら私が一生懸命説明しても、「承服しかねる」といった反応で、なかなか意図を理解してもらえない。突然「まずい棒」なんて言われても、困惑するのは当然だ。その結果の報告の連絡を竹本社長に入れた。

「ダメでした。NGだそうです……」

すんなり許可をいただけるとは思っていなかったが、先方の商品は誰もが知っている国民的超人気商品だし、我々が世間の片隅で細々と商売をすることなどものの数にも入るわけもなく、歯牙にもかけてもらえないと思っていたので、むしろ光栄といえば光栄なことだ。とはいえ、強がってはみても、

「本当にまずいなぁ。まずい棒を売り出すのはもう無理かもしれない。せっかく日野先生にデザインしていただけたのに……」

と心が折れていた。

すると、「あきらめちゃだめです。つくりたいと本気で思えば必ずかたちになります」と電話口から力強い声が聞こえた。

銚子電鉄には「絶対にあきらめない駅」という駅がある。銚子駅のネーミングライツによる駅名だ。「ネーミングライツでそういった駅の名前をいただいている以上は、最後まであきらめないのが銚電魂です」と、今度は竹本社長自らY社さんに電話をかけた。

とはいえやはり、Y社さんのリアクションは依然として厳しいものだった。肩を落とす竹本社長に、今度は私が「銚電さんのモットーは、絶対あきらめないですよね」と声をかけ、互いに励まし合った。

そして、二人で何度も電話をかけ、訪問する中で、Y社さんから、「公認」というよりも「黙認」というようなかたちで許可をいただくことができた。本当にありがたいことで、感謝に堪えない。大きい企業、愛される企業は懐が深いということを痛感した。

## 初期費用は社長のポケットマネー

いよいよまずい棒の製造に入ることとなった。どのくらいの数が売れるのか、皆目見当がつかない。製造会社に問い合わせると、製造の最小ロットが3万本だというので、まずは3万本を製造したいという話になった。

つくるにはもちろん初期費用が発生するわけだが、常に廃線寸前の銚子電鉄ということを製造会社もご存じで、代金の後払いは認めてもらえない。

資金はない。

そこで、製造資金はクラウドファンディングを頼りたいとなった。インターネットのサイトでまずい棒製造を発表し、賛同してくれた方から広く資金を集めるのだ。以前より銚子市のふるさと納税の使い道として「銚子電鉄応援事業」というガバメントクラウドファンディングをしていたこともあったのだが、しかし話はそう簡単ではなく、いろいろな兼ね合いからクラウドファンディングの案はボツになった。

お金がないからまずい棒を開発したのに、お金がないのでまずい棒を製造できない。

「わかりました。私が何とかします」

意を決した。初期費用は竹本社長が個人的に捻出した。

発売開始日は８月３日18時18分に決まった。「破産はイヤイヤ」の語呂合わせである。発売日とその２週間後の18日の２回に分けて、各日１万５０００本ずつを納入した。賞味期限は半年だ。「半年で１万５０００本売れるかなぁ」と竹本社長は不安そうだったが、私自身は半年あれば売れるだろうと見込んでいた。とはいえ、その２週間後にはもう１万５０００本の賞味期限も来てしまう。賞味期限が来るのが早いか、銚子電鉄が倒産してしまうのが早いか……。

とにもかくにもようやく商品化が実現し、まずい棒を販売する目途は立った。

## プロモーションビデオ制作

まずい棒のプロモーションビデオ（ＰＶ）を制作することにした。

「銚電救済」ということで、キャッチフレーズには、青汁のキューサイさんのＣＭに引っ掛けた「まずい…もう１本！」を採用した。万が一キューサイさんからパクリと言われて、訴えられたときの対策として、事前に、引責辞任される竹本社長の映像も撮影しておいた。「私はこれで会社を辞めました」（これも禁煙パイポのＣＭのパクリだが……）と、まずい棒を片手に真顔で辞任表明をする、氏の覚悟を感じる一作だ。

まずい…もう１本！

まずえもんの誕生日である9月31日は「まずい棒の日」。記念のヘッドマークもつくった

銚子電鉄のサバイバル術のテクニックに、「いろいろなところからパクってパクリを薄める」というのがある。重ねることによってパクられた側の怒りが薄まるという不思議な現象を狙っているのだ。映画『電車を止めるな！』（詳しくは第7章）でも冒頭に「まずい…もう1本！」というシーンがあるのだが、それを知ったキューサイさんが「福岡で見られないかなあ」とツイッターでつぶやいていた。銚子電鉄も早速リツイートして福岡県内の会場を案内したが、これはパクリが結んだご縁である。

加えて、「経営会議篇」、「切符売りの少女篇」とあわせて3本のPVを制作した。台本もないままぶっつけ本番、その場にいた観光協会の人にも、急遽死人役で出演してもらうゲリラ撮影を敢行した。今その場にあるものだけでなんとか凌いで生き抜いていく、いたって銚電的なPVだ。これらのPVはまずい棒のホームページで見られる。

## Yahoo!のトップニュースに

いよいよ発売開始直前というある日、移動の合間にスマートフォンをのぞくと「まずい棒発売」がYahoo!のトップニュースになっていた。「乗りものニュース」が取り上げてくれたのだ。乗りものニュースの編集長と銚子電鉄とは、もう十数年来のお付き合いがあるらしく、竹本社長が編集長に会った際に、まずい棒の話題を出したら、「それおもしろいですね」となったのだそうだ。

これが、ブレイクにつながった。

Ｙａｈｏｏ！のトップニュースになったちょうどそのとき、竹本社長はローカル鉄道の会合に出席していた。台湾と提携している鉄道会社が大手を含めて21社あり、そのうち7社の第三セクターが集まってのシンポジウムだ。本当だったら台湾との交流の報告をし合うところが、まずい棒の話題で持ちきりになったという。会合はさながら「まずい棒シンポジウム」と化し、銚子電鉄の激励会といった様相を呈した。ローカル鉄道会社の方々の応援を受け、感無量だったそうだ。

その後も、テレビ、ラジオ、新聞などでも紹介された。

鉄道好きで知られる中川家の礼二氏と「まずえもん」が似ているとネット上で話題になったこともあった。後日、日本テレビ『満天☆青空レストラン』という番組で礼二氏本人が「銚子電鉄の『まずえもん』が僕に似ているらしい」と紹介してくれたことも、ありがたかった。また、まずい棒をきっかけに日野先生が15年ぶりに画業再開を果たしたこともＹａｈｏｏ！のトップニュースを飾った。まずい棒が、日野先生の再ブレイクにつながったことは、日野ファンの一人としてもこの上ない喜びだった。

## 2日で1万5000本が完売

２０１８年（平成30年）８月３日、まずい棒は犬吠駅の売店で発売開始された。メディアで紹介されたので、きっとたくさんのお客さまが足を運んでくれるに違いない、売店は賑わうに違いない、と期待した。実際にふたを開けてみると、売店が賑わうどころか、売店から駅の広場まで長蛇の列ができていた。その数およそ２００人。店頭に用意していた５０００本がわずか30分で売り切れてしまった。翌日の午前中には残りの１万本も売れ、初回入荷分の１万５０００本が発売２日で完売した。

奇跡が起きたのだ。半年後の賞味期限切れを心配していたのが、こんなことなら初日に３万本入荷しておけばよかったと後悔した。しかし逆に、あっという間に完売してしまったおかげで、買えない人が続出してしまったのだ。メルカリでは１本５００円で販売する輩も現れた。京都や仙台からわざわざ買いに来てくれた方もいたそうだ。まずい棒を買えなかったお客さまは、ぬれ煎餅などを土産に買ってくれた。

まずい棒発売は、銚子電鉄史上初の大行列で幕開け、その後１カ月足らずで18万本、発売から4カ月で月50万本を売り上げた。売店の売上は前年比2倍以上を計上した。さらには人気YouTuberのHIKAKIN氏が「まずい棒VS〇まい棒！」の食べ比べ動画をアップしたことも認知拡大につながった。

## まずえもん神社を建立

まずい棒の売り上げ50万本突破を記念して、2019年1月1日、犬吠駅に「まずえもん神社」を建立した。ご神体は、まずえもんだ。神社の鳥居を建立する予算がなかったので、代わりに銚子電鉄社員の鳥居誠一氏の写真を飾った。銚子電鉄は、ないものは別の何かで代用する。

絵馬にまずい出来事を書くと、災い転じて福となし、まずいことが解決するというご利益がある（はずだ）。ほかにも金運、健康運、勉強運、結婚運、恋愛運にもご利益がある（はずだ）。ありがたいことに、たくさんの方々がまずえもんを詣でている。銚子電鉄の御朱印帳もひそかなブームとなって追い風となっている。

コロナ禍においては、新型コロナウイルス退散祈願のために来る方を、マスクをしたまずえもんが出迎えている。私も祈願を続けている。

犬吠駅のまずえもん神社

## バリエーション豊かな味展開

当初はコーンポタージュ味で発売したまずい棒だが、食品製造会社の銚子電鉄としては、これだけでは終われない。スナック菓子生存競争で生き抜くべく、さまざまな味を展開中である。

2019年3月には、パッケージにまずえもんの妹の「まずかちゃん（魔図華ちゃん）」を登場させた第2弾・チーズ味が大ヒットした。実はこのまずかちゃん、日野先生が元欅坂46の平手友梨奈氏をモデルにデザインしている。

続いて同年8月には、ぬれ煎餅味の開発に成功し、発売を開始。パッケージの、まずえもんの祖母の「まずゑおばあちゃん」が煎餅を焼く姿が印象的な、ノスタルジックなまずい棒だ。逆に、まずい棒味のぬれ煎餅もつくれないものだろうかと思案は続く。

限定味として、同年12月に「スーパーまずい棒・炭火地鶏味」を発売した。カビ色のこれは、台風や大雨の直撃を受け、工場の建物の一部が破損してぬれ煎餅の生産数量が減少したことや、鉄道収入に打撃を受けたことにより「本当にまずい状況」になったことを受けての発売だ。BARBEE BOYSの代表曲「目を閉じておいでよ」にちなんで「目を閉じて食べなよ」というコピーが印刷されているシュールな一品で、実際にBARBEE BOYS

のライブの練習スタジオにお邪魔し、皆さんにも食してもらっている。

２０２０年（令和2年）9月には、か〜るいチーズ味を発売した。こちらでは、日野先生のギャグ漫画『大戦争時代』（１９７５年）に登場する「ずるチン坊や」がパッケージを飾っている。

「マズさ倍増?!」「さらにマズくなりました…」というコピーを添えたが、「マズさ倍増」というコピーを使える会社は全国どこを探しても他にないだろう。

２０２０年10月には、まずえもんの父、「Mr.M」が自転車に乗っているパッケージのわさび味を発売開始。わさび味にしたのは、竹本社長が老朽化して錆び付いた車両を見て思わず「わ、錆（さび）……!」と言ったのがきっかけだ。「Mr.M」は実は一部の人から「マズングルズ」とも呼ばれている。

２０２１年3月には、岩下食品さんとコラボして岩下の新生姜味を発売。岩下食品の名物社長・岩下和了氏が竹本社長と同じ慶應義塾高校・大学出身というつながりで実現した。ちなみに岩下社長の実兄の岩下直行氏・京大院教授も同じく慶應義塾高校・大学の出身である。パッケージにはアイドルオタクに扮したまずえもんに岩下食品オリジナルのペンライトを持たせて、まずかちゃんが再登場。まずえもんの後頭部に目があることは人気Yo

左端の坊やが、ずるチン坊やだ

岩下の新生姜味が登場

uTuber集団フィッシャーズ氏の動画でも都市伝説として紹介され一部話題になっていたが、手の甲に口があったことをこのパッケージではじめて明らかにしている。実はまずえもんはこれまで手袋をしていて見せていなかったのだ。「岩下の新生姜ミュージアム」の公式キャラクター「イワシカ」が手を振っているのもかわいい。まずかちゃんの衣装はももクロ（ももいろクローバーZ）のあーりん氏を参考にさせていただいた。

「まずい棒」というネーミングは、「経営状態がまずい」から名付けたのだが、このネーミングのおかげで、もし仮に本当にまずくても「本当にまずかった」と笑ってもらえる副産物もあった。お客さまは、今度の新商品はどんな味だろうかとワクワクしながら購入してくれているのではないだろうか。

今後、まずい棒の味やネーミングを付ける権利「ネーミングライツ」ならぬ「ボーミングライツ」を販売するのもアリかもしれない。

# 第4章

## 湧き出る！苦境に立ち向かう自虐ネタ

「まずい棒」はほんの一例。山ほどある自虐ネタの数々、なにかしらのご参考になれば。

## 「自虐ネタ商法」とも呼ばれる商品の数々

「銚子電鉄」を「自虐」というキーワードでインターネット検索する人も多いと聞く。竹本社長も日頃から自虐ネタをあいさつ代わりにしているし、「電車屋なのに自転車操業」は、鉄板ネタの一つだ。

しかし自虐ネタは、銚子電鉄にとってはあいさつや、話題づくりだけにとどまらない。というのも、自虐ネタをふんだんに取り入れた商品を大まじめに製作し、実際に販売し、なおかつ次々とヒットさせているのが現在の銚子電鉄なのだ。もはや自虐ネタなくしては銚子電鉄の経営はなりたたない。

本章では、第3章で取り上げた「経営状態がまずい」から開発されたスナック菓子「まずい棒」以外の自虐的商品を止めどなく紹介していく。日本全国のローカル線関係者の皆さま、さらには昨今のコロナ禍で苦境に立つ中小企業経営者の皆さまの参考になるものが一つでもあればと願いつつ。

## 「経営状況が痩せ細っている」から、「ガリッツガリ君」アイス

2020年（令和2年）、「経営状況がガリッツガリに痩せ細って冷えまくり」という自虐

から、「ガリッガリ君」というアイスを考案した。もともと、同年8月公開の映画『電車を止めるな！』（詳しくは第7章）のスピンオフ映画の劇中に登場する予定だった『幻の氷菓』を実際に製品化したものだ。

新型コロナウイルス感染症拡大で、銚子電鉄の乗客数が前年比80％減、売上高が50％減まで落ち込み、あわや倒産という予断を許さない状況の中、なんとか現状を打開しようと案を練って捻り出した。

キャラクターデザインをどうするかという段階に進んだが、キャラクター制作のプロに頼むお金はない。やむなく私が描くことになった。私は怪談蒐集家でもあるので、デザイン案は、国内外の妖怪を参考に考えた。

考えた結果が、見ためは吸血鬼に似た妖怪で、その名も「金欠鬼（きんけつき）」だ。銚子電鉄の制帽を被っていて、いつも金欠でガリッガリに痩せ細っていることにした。金欠鬼は実はまだ子どもの妖怪で、犬吠駅のアイスケースに棲んでいる。主食はアイスを食べ終わった後の棒で、常に栄養不足……といった設定だけでは心もとないので、「ガリッガリ君が棲みつく会社は、経営危機から復活すると言われ、一部の地域では守り神とも考えられている」という設定にした。

味についいては、「銚子電鉄ではSuicaが使えない」ことと、「経営が赤字で真っ赤」ということから赤いスイカ味にした。

諸般の事情により商品ではなくノベルティという位置づけで製造し、2020年8月8日に犬吠駅限定で先着600本、ぬれ煎餅などの商品を税抜3000円以上購入した人にプレゼントする予定だった。

しかしながら、さらなる事情が生じ、その企画も中止となってしまった。スピンオフ映画の『幻の氷菓』は、またも幻として霧散する結果となった。

「ガリッガリ君」プレゼント企画、さらにその先の企画中止のお知らせは、Yahoo!ニュースなどでも取り上げてもらった。コメントも多数あったし、楽しみにしていた方も多かったのではないかと推測する。

この事態に対しホームページ上で「皆様にご迷惑をおかけしました」と掲載し、竹本社長は、「アイスは溶かしてしまったが、会社は溶かさないようにこれからも経営改善に取り組みたい」と自虐した。

いっそのこと、「アイスの棒だけを販売しようか」とも考えた。何が起ころうとすべてを自虐にできる。

私が描いた金欠鬼のデザイン案

金欠鬼の後ろ姿

幻となった、ガリッガリ君パッケージ。経営が「ギリギリ君」ならセーフ!?

## 生き残りをかけた「鯖威張る（サバイバル）弁当」

２０１８年（平成30年）に発売した「鯖威張る（サバイバル）弁当」は、水揚げ量日本一の銚子漁港のサバをふんだんに使った駅弁で、地元の特産品をＰＲしつつ銚子への来訪者を増やす狙いもあるというネーミングセンス抜群の戦略的商品だ。

弁当としては、サバのほぐし身の入ったご飯に、サバの切り身をのせた贅沢な内容。仕上げには、サバと相性の良いオリーブオイルを使用している。竹本社長曰く「大きい切り身が威張ったように鎮座している」その様と、銚子電鉄の生き残り（サバイバル）をかけている。パッケージには、まずえもんもあしらった。犬吠駅売店での駅売りのほか、イベント出店販売、予約注文も受け付けた。

「鯖威張る弁当」発売に伴い、小話やダジャレを展示する列車「３８４３（サバヨミ）号」も運行している。

その後は、「鯖威張る弁当」に次ぐ第二段として、ベル食品工業とコラボして開発したサバのほぐし身を使ったスパイシーなキーマカレー、「鯖威張る（サバイバル）カレー」を銚子電鉄のオンラインショップで販売している。

鯖威張るカレー486円
※本章で紹介する商品の値段は、基本的に原稿執筆現在のものです

## 「線路の石」「犬釘栓抜き」……何でも売る！

食品だけにとどまらず、この際「売れるものは何でも売る」と売り出されたのが、「線路の石」だ。線路に敷いてある石を拾ってきて、缶詰にして販売するという画期的なアイデアは、えちごトキめき鉄道の鳥塚亮社長によるもの。石は採取後丁寧に洗浄され、ワックスをかけて磨いてある。漬物石には少し小さいが、自宅のジオラマを十分に盛り上げてくれるはず。

古くなって使わなくなったレールを厚さ1㎝にスライスした「カットレール」も販売。床の間に飾るオブジェとするのも申し分ないが、鉄道ファン以外には、文鎮としての使用をおすすめしたい。

「犬釘栓抜き」なる商品もある。「犬釘」とは、鉄道のレールを枕木に固定するための専用の釘のこと。古くなって使わなくなった犬釘を、工務区の磯崎幸洋施設課長が精魂込めて一つひとつ栓抜きに加工している。「手づくりなので、一つひとつ形が違うのはご容赦ください」とのことだが、この形の違いこそが味わい深い。

電車の赤い座席シートを座布団にした「2000形・3000形モケット座布団」という高額商品もある。この原稿執筆現在は、1万1000円にて、受注生産にて販売中だ。

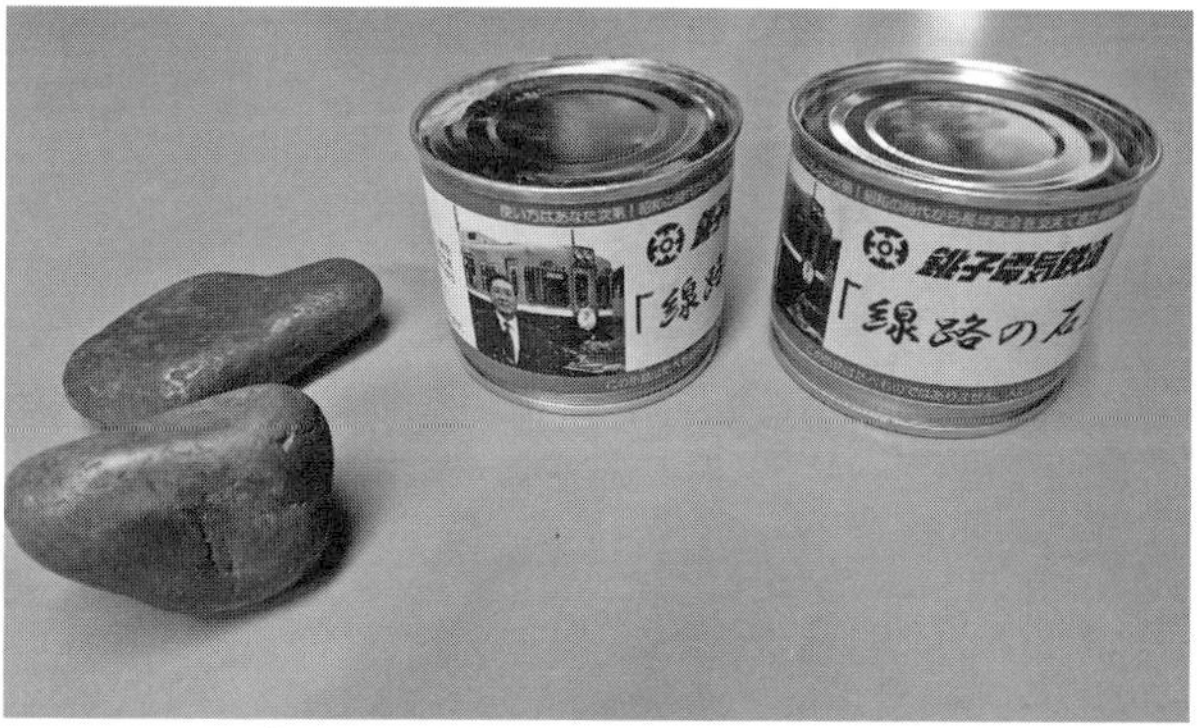


～石に願いを～「線路の石」（銚子電鉄）550円

工務区一同で丁寧に作りこんだ
『カットレール』1,500円

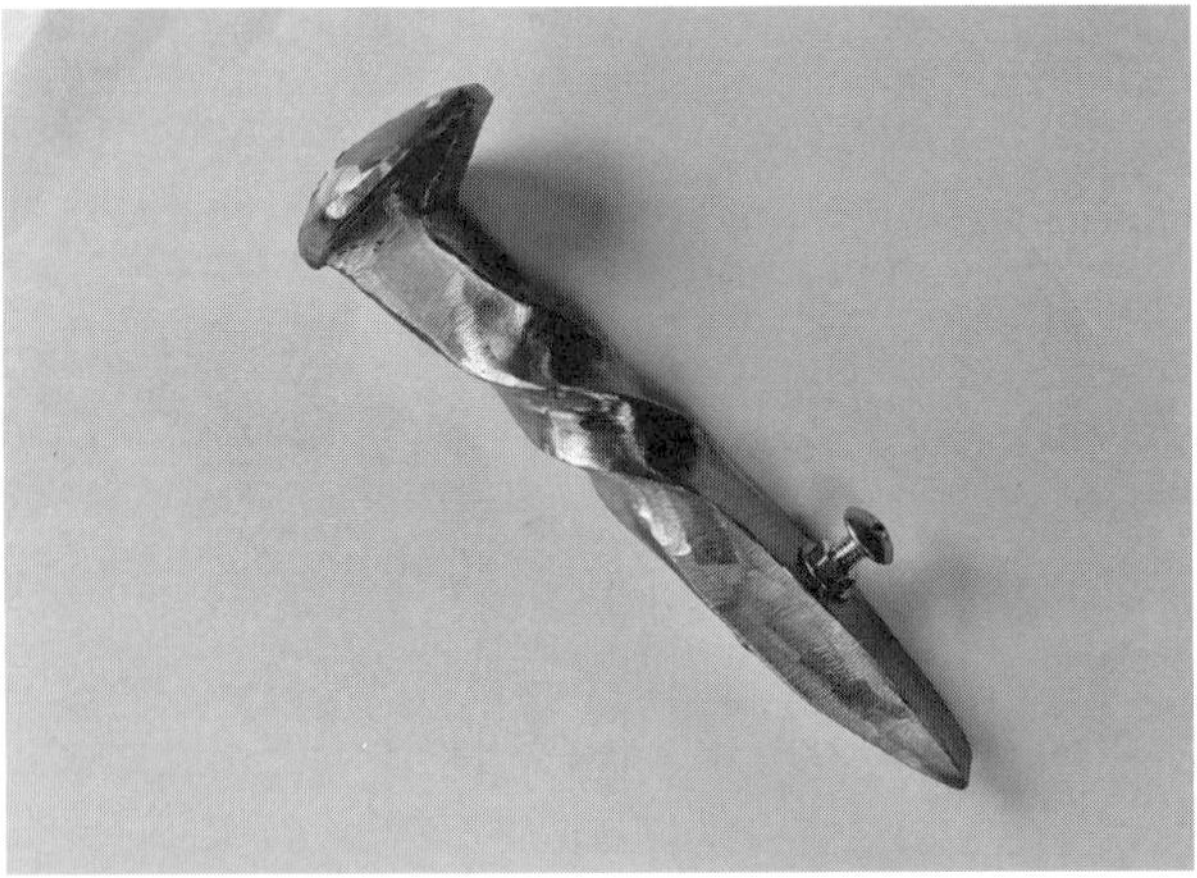

工務区課長が精魂込めて一つ一つ作った『犬釘栓抜き』2,500円

2000形・3000形モケット座布団は受注生産

## 「経営が綱渡り」状態で「鮪（ツナ）渡り号」

台風15号の被害を受け、さらなる経営危機に瀕した2019年、クラフトビール「銚子ビール」を手掛ける銚子チアーズさんとコラボしてイベント列車「鮪（ツナ）渡り号」を運行した。常に経営状況は綱渡り。そんな綱渡りの「綱」と鮪の「ツナ」をかけている。

イベント列車の内容は、電車内にメバチマグロを運び込み、お客さまの目の前でマグロの解体ショーを催し、マグロとワタリガニを使って両社が共同開発した「鮪（ツナ）渡り寿司」を食べるというもの。メディアにも取り上げられ、台風被害で客足の落ち込む銚子の活気づけに一翼を担った。

## ネーミングに込めた思い。和風ケーキ「おとうさんのぼうし」

お土産品として、銚子電鉄の制帽をモチーフにした和風ケーキ「おとうさんのぼうし」はいかがだろうか。白あんをチョコレート風味のスポンジでくるみ、銚子名産のメロンを贅沢に使用したガナッシュがトッピングされている。

これのどこが自虐かというと、商品名「おとうさんのぼうし」は「倒産防止」からとったネーミングなのだ。説明しないと伝わりづらいが、映画『電車を止めるな！』をご覧いただいた方にはおわかりいただけただろうか。また、映画を鑑賞いただいたお客さまに、竹本社長が自らしたためた手紙とセットで配布したこともあった。

ちなみにこの「おとうさんのぼうし」は竹本社長も気に入り、「おとうさんのぼうし」をテーマに歌もつくっている。

## アパレル業界にも進出

鉄道会社でありながら米菓製造業の銚子電鉄が、アパレル業界にも進出した。業種の垣根などあってなきが如く、だ。

第一弾の商品は、マフラーに数カ所小さなハートの穴があいた「心まであったかい銚電の『穴あきマフラー』」。「寒くなった懐を暖めることはできませんが、眺めているだけできっと心が温まります」という「経営に穴が空いた銚子電鉄」の商品だ。

もう一点は、ざっくりと切り込みの入った「あなたのハートに切り込みたい銚電の『不可解なストール』」。巻き方は自由自在。「遊び心にあふれたアナーキー（穴あき）な一品」とのこと。ただし、こちらの商品には「大切な方には決してプレゼントしないでください。人間関係に穴があく恐れがあります」という注意喚起がされている。

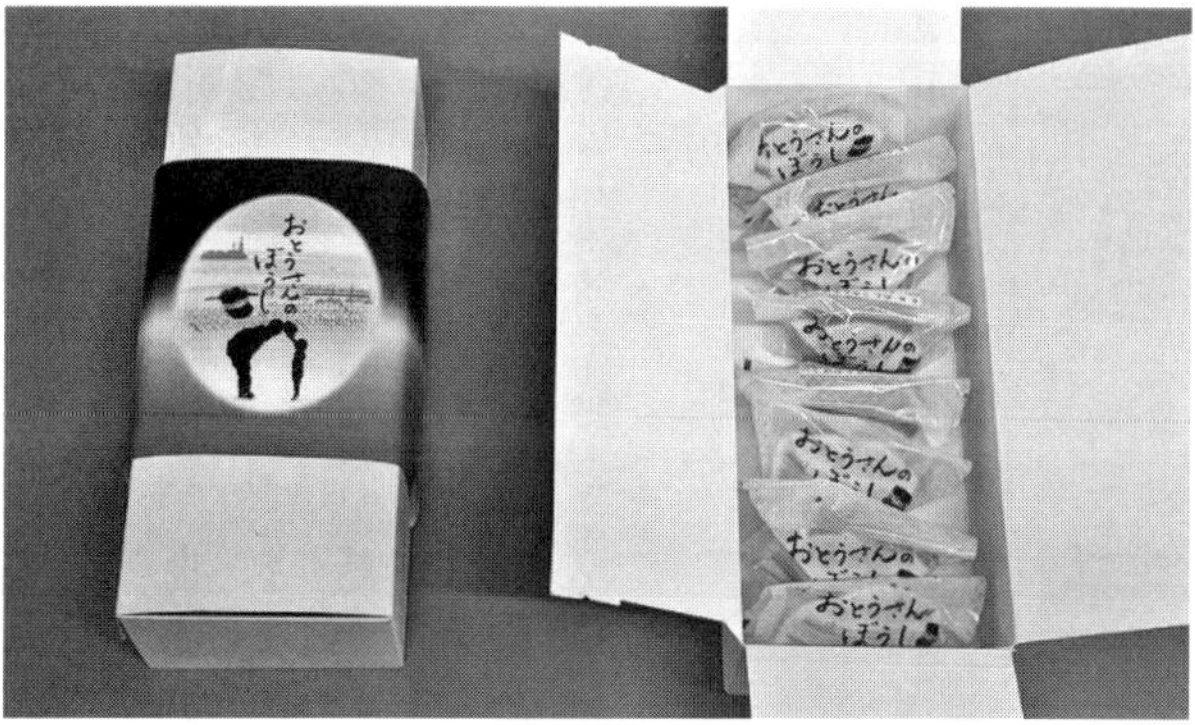

おとうさんのぼうし（８個入り）1,400円

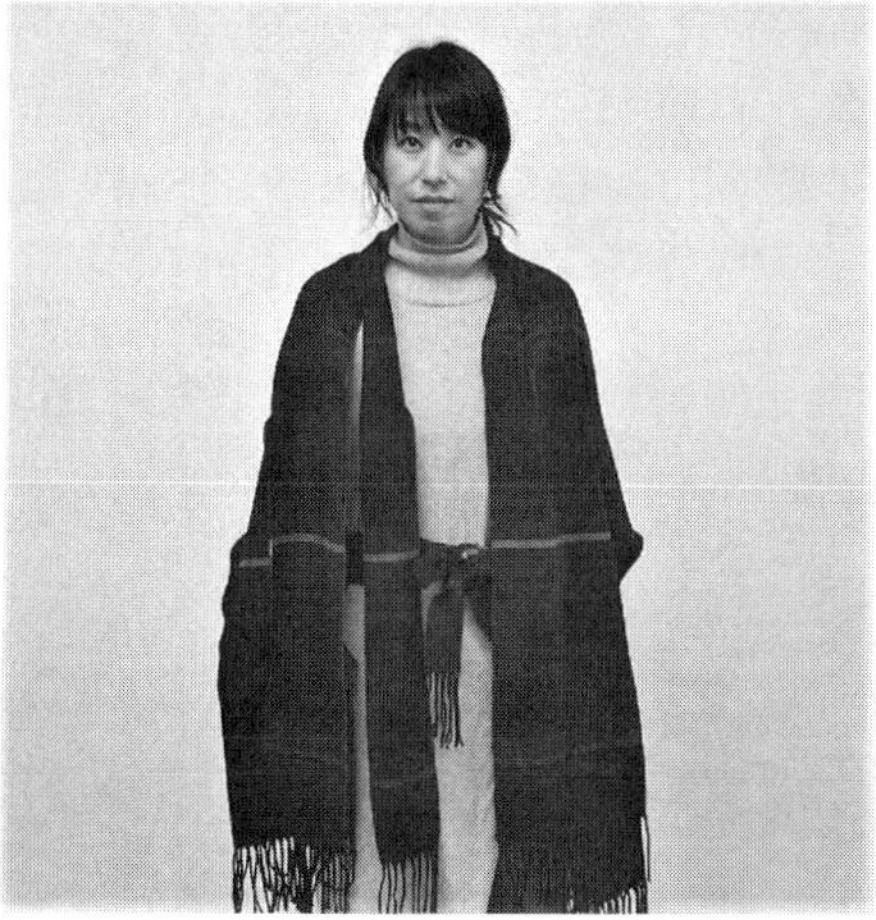
あなたのハートに切り込みたい 銚電の『不可解なストール』
3,000円

## メジャーになりきれない青パパイヤとの運命的出会い

関東では育たないと言われながら銚子での栽培に成功した青パパイヤが銚子電鉄と運命の出会いを果たした。着々と生産量を伸ばし、酵素の王様として2020年のスーパーフードランキング予測第1位に選ばれ「これは調子いいぞ」と思ったのも束の間、コロナ禍でブレイクしきれなかった青パパイヤ。竹本社長が駅でパパイヤの自食販売をした際に、かけるだけで絶品になるヨネビシ醤油の「たまり漬けの素」で漬けた「青パパイヤのたまらん漬け」など3種のセット販売品「ちょうしイイ・8818」は、「ちょうしイイ」とつけてしまったネーミングが哀愁を漂わせている。

## 無人駅のきっぷも入った激レア全区間乗車券セット

銚子電鉄のオンラインショップの中でも高額の商品が、「あなた一人が90人の夢を運ぶ乗車券（銚子電鉄全駅全区間乗車券）」だ。2万1760円。

銚子電鉄は10駅あり、全駅から全区間行きの乗車券90種のセット販売となっている。売り文句は、通常はきっぷを発売しない無人駅も含まれている、激レアな全種セット。無人駅できっぷを発売できないことすらも価値に変えてしまう、逆転の発想術の一つである。

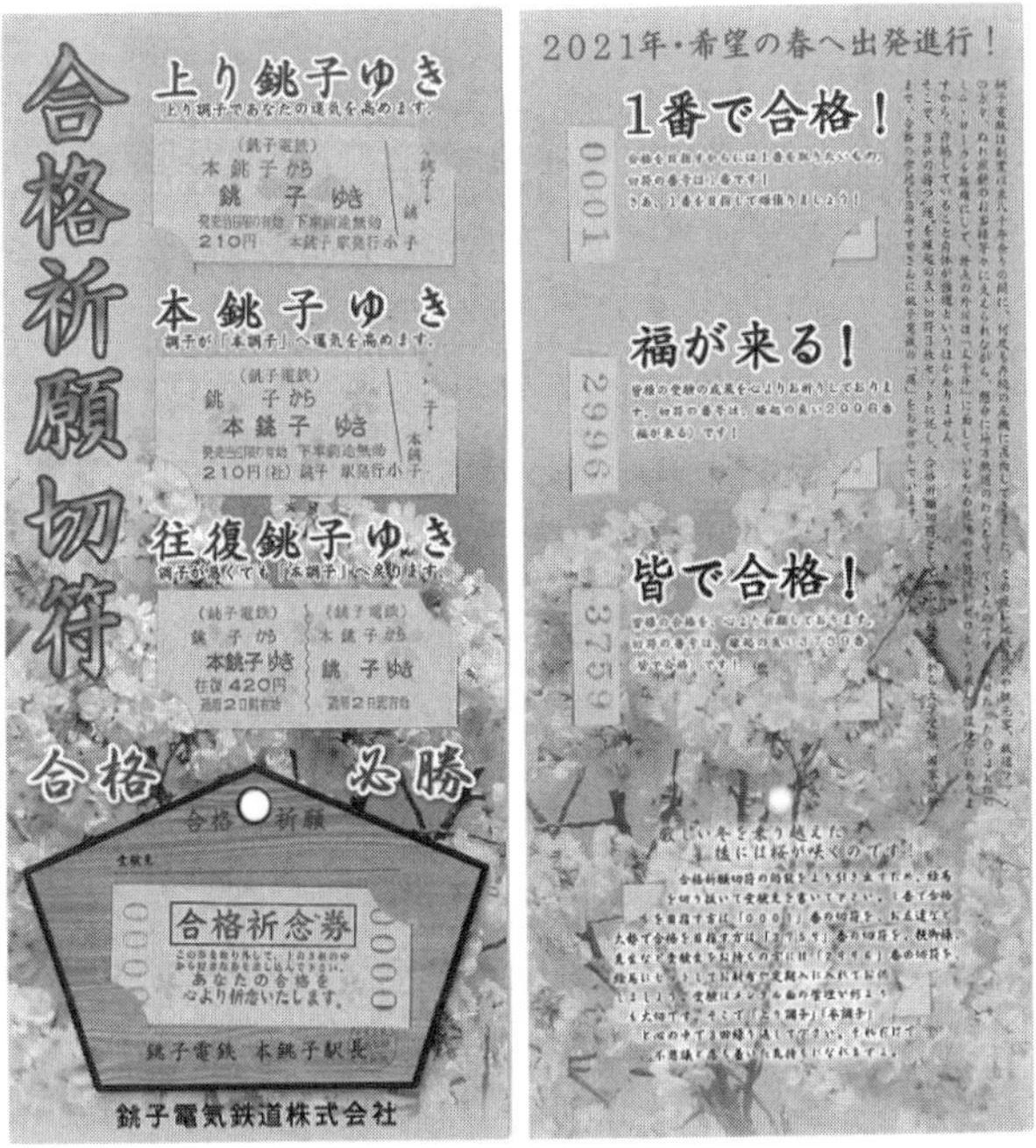

2021合格祈願切符も人気。840円

## 幻の「ガックリマン」、経営がガタガタなので「ガチャガチャ」で展開

私が子どもの頃、某有名チョコレート菓子のおまけのシールを集めるのがブームになった。無論、私もお小遣いを投じて集め、数百枚のコレクションのファイリングは、今も大事にとってある。あのときのワクワクした気持ちが忘れられず、いっそのこと自分でつくってしまおうと考案したのが「ガックリマンシール」だ。もちろんこれも「経営がうまくいかずガックリ」の自虐ネタだ。

竹本社長にこの話を持ち掛けると、すぐに賛同してくれた。

いくつか私の方でキャラクターを考案し、デザイナーの重元ふみ氏にデザインを依頼、早速サンプル品を製作した。光の加減でキラキラと反射する感じがなんともたまらない。某チョコレート菓子のおまけにインスパイアされたオリジナルのシールではあるが、類似品と間違われてはいけないとの配慮から、チョコレート菓子のおまけではなく、ガチャガチャの景品として流通させたらどうだろうかと考えた。経営がガタガタなことからガチャガチャではなく「ガタガタ」と呼んでいる。1回200円と皆さんに気軽に楽しんでいただける価格設定にして仲ノ町駅、犬吠駅、ぬれ煎餅駅に機械を設置した。チョコレート菓子はないので、「チョコを食べずに、シールだけ抜き取って捨てる問題」についての心配

はいらないが、バブル期のような、おとなによるおとな買いがあったらどう対応しようかなど、余計な心配だけはしている。

ただし名称については、考慮を重ねた結果、「ガックリマンシール」は断念し、「銚電マンシール」でいくことになった。「ガックリマン」という言葉をせっかく商標登録までしたのに幻と化して「ガックリ」である。しかし、これも自虐ネタの一つとして、銚電マンシールのブーム到来の礎となることを願うばかりである。銚電マンのＬＩＮＥスタンプもつくりたい。

コンセプトは「金欠鬼VS貧乏神」。第一弾は人気女性車掌・袖山里穂氏をモデルにした「ソデヤマ観音」、「つり革仙人」「ぬれ煎法師」など全8種類。一般的に「キラ」と呼ばれる光沢デザインのシールは「シャーダンカーン」で、日野日出志先生をモデルにした。名前の由来は踏切の遮断桿《しゃだんかん》がたびたび折られることから、遮断桿を大切にして欲しいという願いを込めてその名前に。金欠鬼と貧乏神の対立はどちらに転んでも貧乏のまま。自虐商品をいくら出しても経営危機を抜け出せない銚子電鉄の状況を表している。

竹本社長をモデルにした主人公キャラクターの名称を募集したところ、たくさんの応募が集まり、最終的に「スーパー銭薄《ぜにうす》」が選ばれた。

コンセプトは「金欠鬼VS貧乏神」。どっちに転んでも貧乏のまま……

デザイナー重元ふみ氏のデザインセンスも銚電を支えるチカラに

「スーパー銭薄」という名前は
公募で決まった

ガチャガチャならぬ
経営が「ガタガタ」

## 一寸先は、福袋ならぬ「闇袋」

キャッチフレーズは「お先真っ暗一寸先は闇袋」。2021年のお正月に福袋ならぬ「闇袋」を限定発売した。

聖フランシスコの「平和を求める祈り」より「絶望があるところに希望を。闇あるところに光を。悲しみあるところに喜びを」という言葉に共鳴し、袋に記載。袋もオリジナルで製作しているので、銚電ファンの皆さまには限定感をあじわっていただけたのではないだろうか。

袋の中身は、まずい棒のぬれ煎餅味、線路の石ころ……あたりまでは想像の範囲内かもしれないが、社員さんのブロマイドなど、予想のななめ上をいくような商品が入っているかも？　オンラインショップ上では、「業績がくだらないようにという願いを込めて、くだらないものも封入した」と説明を添えた。

竹本社長が、その日誕生日だった社員と一緒に夜な夜な袋に商品を封入した愛と手づくり感あふれる商品で1袋3000円。「売れるかなぁ？」との心配はよそに、100個限定が発売からわずか1時間で完売した。

結構重いというウワサも。好評につき「スーパー闇袋」の販売計画も？

## 自転車とスピード対決⁉

銚子電鉄は、自転車の方がよっぽど速いのではないかと思うほどゆっくりとしたスピードで進む。竹本社長曰く「あんまり急加速すると電車が壊れちゃう」とのことで、加速する際も実に緩やか。

そこで、実際に「銚電VS自転車」の検証実験が行われた。

電動アシスト付き自転車は、銚子駅前を15時05分に出発し、終点の外川駅をめざす。一方、電車組は自転車の出発を見送ったのちホームまで移動し、15時10分発の便で出発。なお自転車は、線路に付かず離れず並行するようなルートを走行。電車には駅での停車時間というロスタイムがあるが、自転車も信号待ちや踏切待ちがあるため、それも含めての対決だ。

結果は僅差であったものの、なんと自転車の勝ち。速さの面では銚子電鉄は、「徒歩以上、自転車未満」ということになった。

実は、銚子電鉄は２０２０年にわざわざダイヤを遅く改変している。銚子駅から外川駅間の全長６・４㎞を、２０２１年１月現在、最速19分、標準22分で走っている。２０２０年の改変以前の標準は19分だった。結果、途中駅の停車時間も含めた表定速度が時速19・

２㎞となり、全国１、２を争う遅い路線となっている。

なぜあえて、「遅い」ダイヤにしたのか。これにはちゃんと理由がある。

銚子電鉄のダイヤは、無論銚子駅でのＪＲ線との接続を考慮して組まれている。ところが、「以前のダイヤでは、何かあった際に、ＪＲ線との接続時間を意識して焦ってしまい、結果として遅延発生が多かったのです」と竹本社長。輸送の安全を確保するうえでも、ダイヤに余裕を持たせたというのがその理由だ。

安全を考慮した結果、自転車よりも遅くなった銚子電鉄だが、今のところ徒歩よりは速いので、のどかな風景を楽しみながらご利用いただきたい。

## コラム② センスが光るネーミングライツ

銚子電鉄では「駅名愛称のネーミングライツの権利」を販売している。ネーミングライツとは、スポーツ施設などの名前に企業名やブランド名などを付ける権利のことで、企業にとっては命名権を購入することが企業の宣伝につながり、施設所有者にとっては安定した運営資金調達法の一つとして定着している。

銚子電鉄のはじめての駅名愛称のネーミングライツ募集は、2015年(平成27年)。東日本大震災以降の観光客激減を受け、経営立て直しの資金を確保するためであった。ネーミングライツの1駅当たりの価格は80万円~200万円。銚子電鉄を応援したい、銚子の町を活性化したいという企業が名乗りをあげ、その結果、1000万円を超える収入を確保することができた。

それぞれの駅にとてもユニークな愛称が付いたことも話題となり、銚子への観光客集客にも貢献した。銚子電鉄は単なる駅名愛称の命名権としてだけでなく、このネーミングライツ事業に「銚子電鉄による地域活性化」という地域貢献の思いも込めて取り組んでいる。

本コラムでは、全10駅の駅名愛称のネーミングライツ(2018年4月時点)を紹介したい。他業種の皆さまにとっても興味深いビジネスモデルになるだろう。ぜひ参考にしていただければ幸いである。

駅名／駅名愛称／ネーミングライツパートナー

**①銚子駅／絶対にあきらめない 銚子駅／株式会社BAN-ZI・株式会社REPROUD**

始発駅・銚子駅のネーミングライツパートナーは、塗料開発製造メーカーの株式会社BAN-ZIと塗装工事業の株式会社REPROUDだ。名乗りをあげたきっかけは、度重なる経営危機を何度も乗り越えてきた銚子電鉄の生き様が「どんな困難にも負けずに絶対あきらめず挑戦していく」という2社の精神に通ずるものがあると感じたため。「これから先どんな苦しい場面でも、共に絶対にあきらめずに挑戦し続けていく」という誓いと希望を込めて命名したという。

以前にはＮＴＴレゾナントが命名権を獲得していた時期もあり、「銚子駅」という駅名が親しまれ浸透しているということであえて愛称は付けずに、駅名表示板の後ろに「supported by goo」の文字を入れていた。

**②仲ノ町駅／パールショップともえ 仲ノ町駅／株式会社カクタ**

銚子電鉄本社のある仲ノ町駅は、銚子市内でも2店舗のパチンコ店を経営している株式会社カクタがネーミングライツパートナーとなった。

日頃から積極的な地域貢献活動を展開している同社は、自社店舗の営業と同様にネーミングライツパートナーとして地域密着型で銚子全体を活性化している。「創造と挑戦」という社訓を掲げる同社は、「銚子電鉄のネーミングライツのアイデアと、銚子電鉄が今向かっている創造と挑戦の姿勢が当社とマッチしている」ことから応募を決め、ネーミングライツパートナーとなった。

**③観音駅／金太郎ホーム　観音駅／株式会社金太郎ホーム**

千葉市に所在する賃貸マンション施工業者の株式会社金太郎ホームが、観音駅のネーミングライツパートナーである。同社は駅名愛称のネーミングライツだけでなく、ヘッドマークと方向幕の「車両ネーミングライツ」にも手をあげ、パートナー協力している。

車両ネーミングライツの初年度契約金は1000万円。2000形車両のうちの1両を「大正ロマン電車」というレトロ車両に改装する費用として活用され、現在も定期列車として運行し、観光車両としての役割を果たしている。

**④本銚子駅／上り調子　本調子　京葉東和薬品　本銚子駅／株式会社京葉東和薬品**

京葉東和薬品は千葉市に本社を置くジェネリック医薬品会社だ。歴代のネーミングライツとしては、2016年の「ヒゲタ400年 玄蕃の里」、2017年以降は同社の「上り調子 本調子 京葉東和薬品 本銚子駅」となっている。

「本銚子」と「本調子」をかけたダジャレ的発想で、縁起がいいとの評判もある駅。体調が「上り調子

# コラム②

**絶対にあきらめない**
ちょうし
→
パールショップともえ
なかのちょう

**パールショップともえ**
なかのちょう
← →
絶対にあきらめない
ちょうし
金太郎ホーム
かんのん

**金太郎ホーム**
かんのん
← →
パールショップともえ
なかのちょう
上り調子 本調子 京葉東和薬品
もとちょうし

**上り調子 本調子 京葉東和薬品**
もとちょうし
← →
金太郎ホーム
かんのん
髪毛黒生
かさがみくろはえ

**髪毛黒生**
かさがみくろはえ
← →
上り調子 本調子 京葉東和薬品
もとちょうし
見えないことで、未来を拓く
アシザワ・ファインテック株式会社
にしあしかじま

本調子」になるようにとの願いのこもった駅名愛称だ。

**⑤笠上黒生駅／髪毛黒生 笠上黒生駅／株式会社メソケアプラス**

駅名愛称のネーミングライツ申し込み第1号は、東京・新橋にあるシャンプーメーカーの株式会社メソケアプラスだ。社長の加藤彰氏は子どもの頃から鉄道好きで、経営の厳しい銚子電鉄をぜひ応援したいと笠上黒生（かさがみくろはえ）駅のネーミングライツに名乗りを上げた。ところが、その駅名愛称の提案はあまりにも衝撃的で、竹本社長をうろたえさせた。

その愛称は、「髪毛黒生（かみのけくろはえ）」駅。

「髪毛黒生」はメディアやSNSで話題となり、今では観光名所となっている。お正月にはホームの駅名看板の隣に、「はつもうで」という看板も立てられる。

**⑥西海鹿島駅／見えないことで、未来を拓く アシザワ・ファインテック株式会社 西海鹿島駅／アシザワ・ファインテック株式会社**

西海鹿島駅は、周辺住民の要望によって1970年（昭和45年）に開業した銚子電鉄の中で最も新しい駅である。

3代目になる現在のネーミングライツパートナーのアシザワ・ファインテック株式会社は、「新しい可

# コラム②

見えないことで、未来を拓《ひら》く
アシザワ・ファインテック株式会社
にしあしかじま

関東最東端より 銚子港直送 千葉石毛魚類
あしかじま

髪毛黒生
かさがみくろはえ

関東最東端より 銚子港直送 千葉石毛魚類
あしかじま

見えないことで、未来を拓く
アシザワ・ファインテック株式会社
にしあしかじま

ロズウェル
きみがはま

ロズウェル
きみがはま

関東最東端より 銚子港直送 千葉石毛魚類
あしかじま

OTS《ワンツースマイル》 犬吠埼温泉
いぬぼう

OTS沖縄ツーリスト
犬吠埼温泉
いぬぼう

ロズウェル
きみがはま

ありがとう
とかわ

ありがとう
とかわ

OTS《ワンツースマイル》 犬吠埼温泉
いぬぼう

能性の共創」を理念に持つ微粉砕機・分散機の総合メーカーだ。歴代ネーミングライツは、「三つ星お米マイスター 根本商店」、「ウェルネス8020 こぬま歯科」、そして現在へと続いている。

**⑦海鹿島駅/関東最東端より銚子港直送 千葉石毛魚類 海鹿島駅/有限会社石毛魚類**

海鹿島駅は、千葉県及び関東地方の最東端に位置する駅で、藤工務所が「とっぱずれ」という愛称を命名。その後、千葉市内で鮮魚店を展開する有限会社石毛魚類が2018年から命名権を獲得し、「関東最東端より銚子港直送 千葉石毛魚類」を冠した愛称に変更された。同社は千葉県内に4店舗を構え、銚子港直送の高級鮮魚を扱っている。

**⑧君ヶ浜駅/ロズウェル 君ヶ浜駅/株式会社MIST solution(ミストソリューション)**

君ヶ浜駅のネーミングライツには、東京・神田のIT企業・株式会社ミストソリューションが手をあげ、当初「ミストソリューション」という愛称がついた。社名を愛称にするのはごくオーソドックスな手法だが、2年目からは「ロズウェル」という愛称に変更された。

ロズウェルとは、米国ニューメキシコ州の地名で、1947年(昭和22年)にUFOが墜落し、米軍によって回収されたとされる事件で一躍有名になった町だ。銚子でも昔からUFO目撃談が絶えず、「日本のロズウェル」を名乗ることで地域振興に役立ちたいというのがネーミングの由来。銚子電鉄では、地球の丸く見える丘展望館にてUFO召喚イベントを行っているが、このイベントにもミストソリューションが一役買っている。同社はUFOイベントの他にも銚子のかっぱ資料館「大内かっぱハウス」の運営にも携わり、地域活性化を推進している。

**⑨犬吠駅／OTS沖縄ツーリスト犬吠埼温泉 犬吠駅／沖縄ツーリスト株式会社**

千葉県銚子の駅名愛称募集に、遠く離れた沖縄の会社から手があがった。旅行会社の沖縄ツーリスト株式会社だ。代表取締役会長の東良和氏は、千葉市内に本部がある放送大学の講師を務めた際に銚子電鉄のことを知った。駅名愛称の「OTS」は、沖縄ツーリストの英語表記の頭文字で、同時に「One Two Smile（ワン・ツー・スマイル）」というキャッチコピー。最初の「One（ワン）」は犬の鳴き声として「犬吠埼」の語呂合わせでもある。

愛称に「犬吠埼温泉」が含まれているのは、竹本社長からのたってのお願い。銚子電鉄は、温泉地であることをアピールしようと、数年前に駅名を「犬吠」から「犬吠埼温泉」に変更しようとしたが、駅名変更に多額の費用が掛かることがわかり断念した経緯がある。

このネーミングライツをきっかけに、同社では年間百人単位で沖縄から銚子へのツアー旅行を組み、沖縄と銚子の絆をつないでいる。

## ⑩外川駅／ありがとう 外川駅／早稲田ハウス株式会社

千葉県松戸市のハウスメーカー・早稲田ハウス株式会社は、自然素材でつくる健康住宅専門店。「ありがとうと言ってもらえる会社になりたい」という銚子電鉄に共感し、外川駅の愛称を「ありがとう」に決めた。会社名や商品名ではなく、「ありがとう」という感動詞を愛称としたことが終着駅・外川のイメージアップにつながり、観光客の増加に寄与、愛称決定に合わせて、外川駅の待合室には「ありがとう本棚」が設置された。

ちなみに、銚子電鉄の本社宿直室には、輸送の安全確保につながる施策としても有効な、同社製の快眠できる「究極の寝室」を導入している。

# 第5章

## 日本一のエンタメ列車になりたい

鉄道を「A地点からB地点の移動」と考えるだけでは、
何も広がってはいかない。

## 不足を補うべく、エンタメ列車をめざす

銚子電鉄は日本一のエンタメ列車をめざしている。銚子電鉄の両輪は、自虐ネタとエンタメ列車であることだ。

なぜ銚子電鉄がエンタメ列車の企画を行うようになったか。それは、銚子電鉄のモットーである「苦しい時こそ笑いを！」を具体的に実践するために必要なものがエンタメであるからだ。下ばかり向いていても仕方ない、おもしろいことをして笑顔になった方がいいじゃないか、お客さまにとっても乗って楽しい電車でありたい。

もう一つの理由は、銚子電鉄が唯一無二の「グローカル企業」をめざしていることにも由来する（グローカルとは、グローバルとローカルを掛け合わせた造語）。他の地域から人を呼んで、地元に還元してもらえるような企画を立て、地域活性化を推進していく目的だ。と、これらの二つは前向きな理由。その裏には、もう一つの切実な理由がある。

実は、観光鉄道のイメージがある銚子電鉄だが、沿線は至って平凡。終点まで鉄橋もないし、トンネルもない。つまり絶景ポイントが一つもないのだ。これは観光という観点からは致命的といえる。エンタメ列車の企画は、そんな致命的状況下で銚電を存続させるためのサバイバルの術だ。

## 地方電鉄初のヒーロー「銚電神ゴーガッシャー」

銚子電鉄が手掛けたエンタメ企画第一弾は、地方鉄道初のヒーロー「銚電神ゴーガッシャー」によるアクションショーだ。「銚電神ゴーガッシャー」は、いわゆる戦隊モノのヒーローのような銚子電鉄オリジナルキャラクターである。２０１３年（平成25年）に地球にやってきた未知の生命体（という設定）で、銚子電鉄を救うために活躍する。ふりかざす自慢の大剣は「チョウデンキャリバー」。普段は銚子電鉄の安全な運行と、乗車マナーに目を光らせている。主なエネルギー源はぬれ煎餅だ。

ゴーガッシャーというネーミングは竹本社長によるもので、漢字では「恒河沙《ごうがしゃ》」と表記する。意味は10の52乗。10の52乗とは天文学的な数字であるが、それくらいダイナミックに活躍してほしいとの願いがこもっている。

宇宙から来たゴーガッシャーだが、その後、猛スピードで日本語を習得し、銚子電鉄に入社。犬吠駅広場でのアクションショーをはじめ、銚子市や千葉県のイベントショーに出演している。

見かけたら、「ぬれ煎、食べてるか?」と、気軽に声をかけてほしい。

千葉県千葉市の「アリオ蘇我」で行われたローカルヒーローショーにも登場したゴーガッシャー

「調子が上がる出発進行式」にもゴーガッシャーの姿あり

## 夏の風物詩「お化け屋敷電車」

銚子電鉄のエンタメ列車の中で、一番有名かつ人気なのが「お化け屋敷電車」ではないだろうか。毎年夏休みの時期に合わせて企画列車として運行している。

走る電車の中で本格お化け屋敷を体験できるのは、日本初、もしかしたら世界初かもしれない。「犬吠駅発犬吠行き、行って帰って50分間、途中下車禁止」という謳い文句で、走るエンターテイメントパークといったところだ。

制作は、１９２２年（大正11年）創業の老舗のお化け屋敷制作会社、丸山工芸社さんにより、本格的なつくりになっている。

２０１５年（平成27年）に第一弾として「銚子怪談～あの世より、船霊列車参上～」を実施し、２０１６年の第二弾からは、不肖私がプロデュースしている。

リピーターも多いため、２０１６年「銚子怪談　～呪われた涙船列車～」、２０１７年「銚子怪談　～神隠しの花嫁～」、２０１８年「銚子怪談　～傀儡子の呪い人形～」、２０１９年「銚子怪談　～呪いの廃校列車～」と、毎年内容を変えて運行し、地元の大学生や高校生たちがゾンビになって出演するなど、運行自体が地域活性化につながっている。おかげさまで、全列車ともキャンセル待ちが多く出るほどの人気だ。

「お化け屋敷電車」は、今風に言えば、妖怪や怪談を町おこしに使う「クリプトツーリズム」の一種だ。メディアにとっても話題にしやすく、ニュースや情報番組でもたくさん取り上げてもらった。

「日本初の走るお化け屋敷」と銘打ったところ、さらに大変な話題となり、中国のテレビ局や、なんとアルジャジーラまで取材に来たという実績がある。

２０２０年（令和2年）の夏はコロナ禍で、残念ながら開催できなかったため、２０２１年初夏にオンラインお化け屋敷電車を企画した。２０２１年のテーマは「濡れ女」である。例年、夏のお化け屋敷で使用している会場に、私がカメラで撮影しながら潜入ルポ。今回も丸山工芸社さんによる超本格的な仕かけと、地元の学生たちが扮する幽霊に悶絶間違いなし、という予定。さらにお化け屋敷列車の車内では、竹本社長がお得意の怪談を披露する。それらを組み合わせた映像を配信し、ステイホームで自粛中の皆さまに楽しんでもらおうという企画だ。

コロナ禍で楽しみを制限されたり、ストレスが溜まっている世界中の皆さまにオンラインお化け屋敷電車をぜひお楽しみいただきたい。

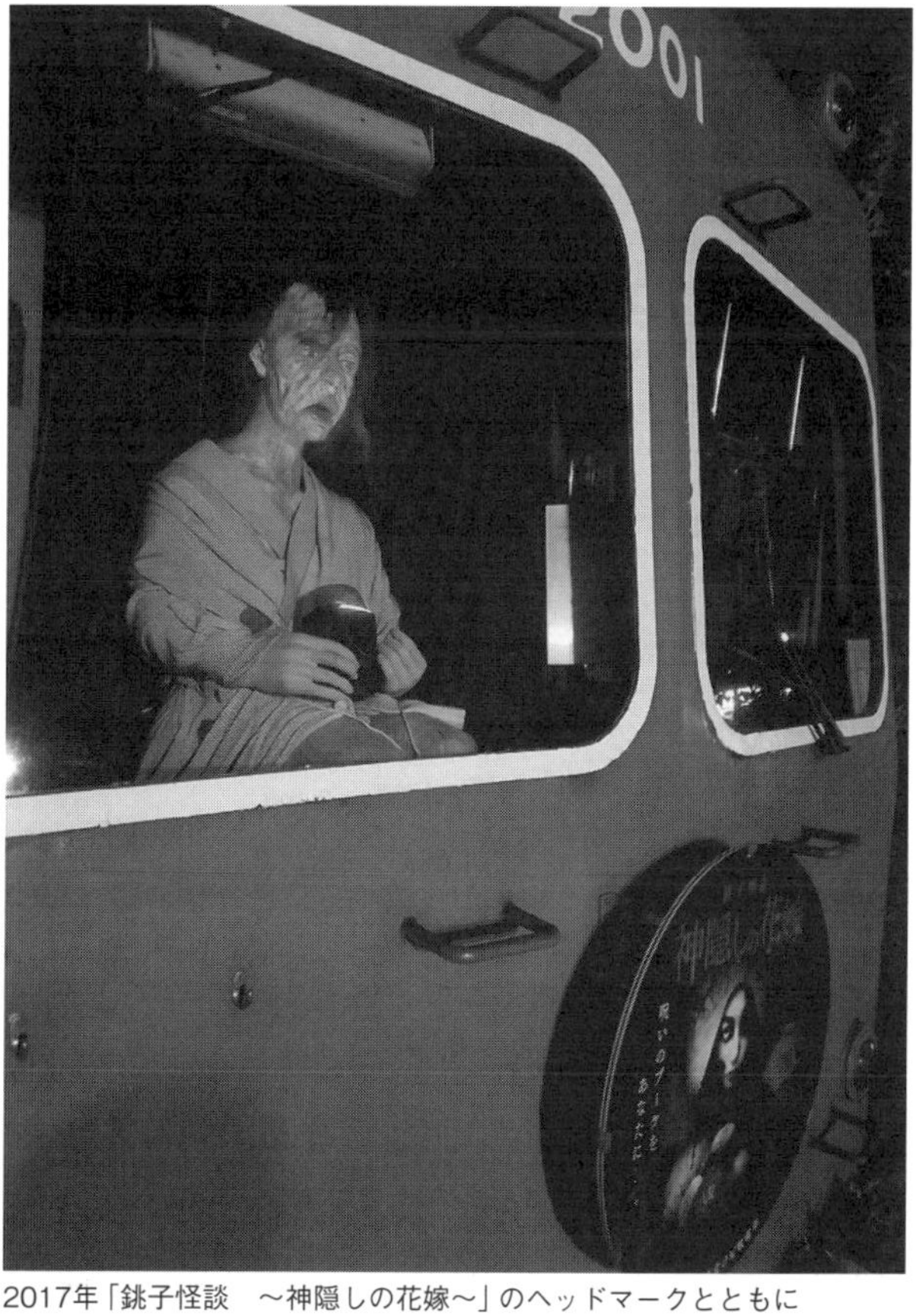


2017年「銚子怪談　～神隠しの花嫁～」のヘッドマークとともに

2018年「銚子怪談　～傀儡子の呪い人形～」

お化けと一緒に記念撮影もどうぞ

## 冬の風物詩「イルミネーション電車」

夏の「お化け屋敷電車」がはじめて企画されたのと同じ２０１５年、冬にも観光客に銚子を訪れてほしいということで、クリスマスシーズンにふさわしく「イルミネーション電車」も登場した。電車の外装と内装をイルミネーションで飾り、お客さまに楽しんでもらいたいという企画列車だ。これは銚子電鉄の社員の発案によるもの。存続のために常日頃から全社一丸となって知恵を絞っている。

使用列車は「デハ１００１」。もとは営団地下鉄２０００形で、かつて銀座線を走っていた車両だ。銚子駅と外川駅の間を12往復走っていた。ちなみにこのデハ１００１は、このイベントを最後に引退し、千葉県松戸市にある「昭和の杜博物館」にて展示されることとなった。

かけた費用は30万円。一番安かったからという理由で購入したピンクのＬＥＤ電球でハートマークが乱舞するという仕上がりだ。メディアにも多数取り上げられ話題になり、お客さまもたくさん来た。しかし「公共交通機関なのにいかがわしい」というクレームも来た。

春の桜バルーン電車の車内

イルミネーションを施した2000形（デハ2002）

### 昼間も楽しめる「バルーン&イルミ電車」

「イルミネーション電車」を昼間も楽しんでもらえるようにと、２０１６年３月には「バルーン&イルミ電車」へとバージョンアップを図る。昼はポップなバルーンの装飾、夜は幻想的なイルミネーションと、昼と夜でまったく違った車両空間を楽しめる。

このバージョンアップが実現したのは、地域の協力があったからだ。銚子市内にあるバルーン&ギフト専門店 Little Flavorさんと、千葉県立銚子商業高等学校の生徒たちが力を貸してくれた。

生徒たちが考案してくれたテーマは「バルーン水族館電車」と「春の桜バルーン電車」の２パターンがある。「バルーン水族館電車」は、イルカやクマノミなど、魚や海をイメージしたバルーンと、ブルーのイルミネーションで装飾。使用車両は２０１５年に愛媛県の伊予鉄道から購入した１９６３年（昭和38年）製の３０００形中古車両で、テーマに合うように海をイメージしたブルー基調に塗装しリニューアルした。

もう一方の「春の桜バルーン電車」は、２０００形車両を使用。こちらは、桜や昆虫など春をイメージしたバルーンとピンク色のイルミネーションで装飾し、車両の外装は赤とクリーム系の暖色なので、テーマの春ともマッチした華やかな車両となった。

車両内には、インスタ映えするフォトスポットを設けるなどの工夫が施された。映え写真がＳＮＳなどにアップされることが、宣伝や集客につながっている。

## いただく提案は、できるだけ断らない

さまざまなエンタメ企画が世間的に認知されてくると、逆に「こんなことをやってみたい」と銚子電鉄に提案が舞い込むようになった。提案を受けた企画は、できるだけ断らないで実現させている。

２０１７年、『24時間テレビ』からは、「オンボロ駅舎をリフォームしたい」という企画提案があった。そして、築90年以上という本銚子の駅舎が小学生たちがデザインしたステンドグラスで大正ロマン風にリフォームされた。

ある大学生からは「線路の上を歩きたい」という要望があり、その願いを叶えるナイトウォークイベントも開催された。線路の上を歩くということは終電後の開催となるので、地元のホテルと提携して宿泊つきのイベントとなった。終電後に行うイベントなので人件費もかかり、収支としては赤字。しかし、何かしら新しいことをやっていくことに意味があるだろうし、新たなファン層を獲得できれば、また次の何かにつながるはずだ。

『24時間テレビ40』のプロジェクトで改修された本銚子駅舎

本銚子駅の待合室にはステンドグラスも設置された

## 観劇で感激!? 「ローカル鉄道演劇」

車内で演劇を上演する、劇団「シアターキューブリック」とのコラボによる「ローカル鉄道演劇」も人気イベントの一つだ。走行中の車内で観劇しつつ、さらに途中、折り返しとなる駅で下車して町歩きも楽しんでもらえるエンタメ企画だ。

2008年6月に初演され好評だったため、翌年9月にも再演された。シアターキューブリックは、岐阜県の樽見鉄道、香川県の高松琴平電気鉄道、銚子電鉄と姉妹提携を結んでいる茨城県のひたちなか海浜鉄道でも車内上演を行っている。2018年7月には、初演から10年ということで、出発点である銚子電鉄での公演で、全列車満席となった。

車内で行った人気イベントというと、2017年には「銚子電鉄×DDT　電車プロレス」もあった。走行中の車内でプロレスの試合を行い、試合形式は「エニウェアフォール時間差入場バトルロイヤル」。数人でスタートした後、途中駅でさらに追加選手が乗車していく。DDTの高木三四郎社長によると、ルールは「床で3カウント、ギブアップ、KO、そして線路に降りたら負け。線路で写真を撮るなんてもってのほか」であった。

2019年には古今亭駒治氏による「落語電車」が運行。人気の鉄道落語に、車内が笑いにつつまれた。

おそらく世界初であった「電車プロレス」

## 「銚子にUFOを呼ぼう！」にものっかる

２０１６年、銚子市観光協会協力のもと、「地球の丸く見える丘展望館」で「銚子にＵＦＯを呼ぼう！」なるＵＦＯ召喚イベントが開催された。地球の丸く見える丘展望館の駐車場は混雑が予想されるので、アクセスには銚子電鉄が必至だ。

オカルト評論家、山口敏太郎氏プロデュース、「ＵＦＯを呼ぶ男」武良信行氏が召喚の儀式を執り行う。まさかと思うだろうが、なんと本当にＵＦＯが数機現れた。それはアダムスキー型、いわゆる一般的に思い浮かべる典型的な空飛ぶ円盤型のもので、ＵＦＯ飛来のニュースは、翌日の「東スポ」にもスクープ記事として掲載された。その後もテレビで大々的に取り上げられて話題になり、銚子の町おこしや地域活性化につながった。

## ふるさと納税で「ＤＪ社長」が「サバヨミ号（３８４３号）」を

銚子市と言えば、日本一のサバ漁獲量を誇っている。名産品をなんとかアピールできないだろうかと、２０１８年のゴールデンウィークに３０００形を使用して「サバヨミ号（３８４３号）」なる臨時列車が運行された。車内にはサバの多様な効能にまつわる小話や社員が考案したダジャレや小ネタが展示され、サバのＰＲに一役買った。

臨時列車24本はすべて竹本社長による運転で、停車時間中には、「DJ社長」として自ら沿線案内を行った。ちなみに「DJ」というのは、「ドン引きする冗談」の略。

このDJ社長の銚子電鉄電車貸し切りプランは、ふるさと納税限定となっている。寄附金額23万円で申し込むことができ、これまでにも数組の利用がある。

## なければつくる、新名所

銚子電鉄の沿線には絶景ポイントが一つもないが、情緒のある景色なら、ないわけではない。というか、ないなら名所をつくってしまえばいいというのが銚電イズムである。

路線の途中に、電車が木々の中を走り抜けていくポイントがある。そこは、日の光が射すと一瞬で幻想の世界に迷い込んだかのような気にさせられる。これを銚子電鉄の新たな名所とすべく、「緑のトンネル」と名づけた。不思議なものでそう名づけられた途端、あの有名なスタジオナントカの作品のように見える気もしないではない、と思うのだがいかがだろうか。皆さまもぜひ一度、銚子電鉄に乗ってご確認いただきたい。

また、銚子電鉄をカップルのデートコースにもしてもらいたいと思うのだ。本銚子駅近くに架かる「清愛橋《せいあい》」という素敵な名前の橋がある。清水町と愛宕町を結ぶ何の変哲もない歩道橋なのだが、清い愛、つまりピュアラブとも読める。現在銚子電鉄は、ここを恋人たちの聖地にしようと画策中だ。

## 新企画、オンラインサロンとアイドル発掘オーディション

新企画として、オンラインサロン「銚電ファミリー」（仮）を計画中だ。

サロンのターゲット層は、銚子電鉄を応援したい方、竹本社長から経営哲学を学びたい方、他所では体験できないエンタメを求めている方だ。

会員特典は、①オンラインサロン限定ライブ配信をお届け　②Ｚｏｏｍを利用して竹本社長による講演（Facebookでの限定公開）　③銚子電鉄がまだ世に出していない最新情報を非公開のFacebookグループに投稿　④竹本社長とスペシャルゲストとの対談をオンラインでお届け、だ。④では岩下食品の岩下社長などをゲストに招きたいと考えている。

月額９３１円、目標会員数は２０００人で、何とか実現できないものだろうか。参加型のイベントにして、皆さまとも意見交換できるようにすれば盛り上がるのではないかと目論んでいる。

「ミスｉＤ」という講談社主催のグラビアオーディションが最近認知度上昇中だ（ホー

ムページによると「新しい時代をサバイブする多様な女の子のロールモデルを発掘するオーディション」という説明書きがあった）。そこで、「ミスｃＤ」と題して銚電応援アイドル発掘オーディションを開催したいとも考えている。選考委員長は竹本社長で、同じ女性目線から、銚電のアイドル車掌の袖山氏にもぜひ選考委員を務めてほしいと考えている。

対象年齢は12～40歳と幅広く、ＡＶ女優さんなども含めて枠にとらわれない、いろんなジャンルの方に応募してもらい、銚子電鉄を応援していきたい。

「銚電ファミリー」も「ミスｃＤ」も、どちらもまだ企画中であるが、このコロナ禍でも、皆さまに元気になっていただけるようぜひ実現にこぎつけたい。

単に鉄道を「A地点からB地点の移動」と考えると大したことはできないけれど、「日本一のエンタメ鉄道」と考えれば、いろんなことができる。みんなに笑顔になってもらって、何度も足を運んでもらうことが、地域の方への恩返しにもなるんじゃないかと思う、と竹本社長。日本一のエンタメ鉄道をめざす経営努力は、無限の広がりと可能性をもたらしている。

# 第6章

## 本気企画！
## 銚子電鉄を救う次の一手考

本書を出発点に、銚子電鉄を救う新たな商品企画を生み、明日につなげたいと思うのだ。

## 私は試し書きコレクター

本書を出発点に銚子電鉄を救うアイデア企画が何か生み出せないものだろうか。せっかくの出版機会である。本の出版だけにとどまらず、そこから新たな商品企画を誕生させ、銚子電鉄の明日につなげたい。

新商品をどうひねり出すのか、ゼロからその手順を紹介してみたいと思う。私自身これまでにも多数の企画を生み出し、プロデュースしてきたので、もしかしたら皆さまにもアイデア考案のヒントになるかもしれない。

実は、私は試し書きのコレクターでもある。試し書きというのは、文房具コーナーにあるペンの書き心地を試すために置いてある紙のことだ。毎日どこかしらの文房具店に顔を出してはチェックを怠らない。おもしろいイラストや珍しい言葉を見つけたときには、すかさず店員さんにお願いし、その試し書きをいただきコレクトするのだ。

２００７年（平成19年）に海外を放浪していたときに、たまたまベルギーで出会った試し書きにひとめぼれしたのが収集のきっかけである。これまでに世界１０８カ国、４万枚を蒐集してきた。

「あいうえお」や「地名」「人名」が書かれているケースが多いが、ときに言葉にならない〝魂の叫び〟が見え隠れしている。試し書きの紙はまさに「無意識のアート」だ。

また、そこには今の世相や流行が反映されることがある。そのときどきに流行っている言葉や人名などが書き込まれていて、その時代時代を知ることができるのだ。少々大袈裟かもしれないが、試し書きからセンスや想像力、時代感覚が磨かれるのではないかと最近は考えるようになった。

そこで私が毎日、目にする数々の文房具で何かいいアイデア商品ができないだろうか。

## 赤文字を消して、赤字解消

銚子電鉄と仕事をご一緒してから、試し書きの紙の上にも「赤字（赤い文字）」というものに敏感に反応するようになった。そして、この赤字を何とか消せないだろうか、と反射的に考えてしまう。

今は、パイロットコーポレーションから、こすると消える便利なボールペンが販売されており、私も愛用している。赤字を見つけると消したくなり、思わずこすってみたりしている。

私は赤字を消したいという衝動に駆られて、試し書きの紙を前にそのことを考え続ける。

赤字を消すことを頭にイメージしているときに、ふと学生時代に赤いシートを被せて消した暗記セットを思い出した。これだ！「赤字が消える！・暗記セット」これはどうだろうか。

## 文具＋αの付加価値

100円均一ショップのダイソーで暗記セットを売っているのを見つけ、買ってみた。なるほど。やはりこれは確かに暗記に使えるいい商品だ。しかし、この商品はすでに世の中では100円で手に入る。100均で売っているものをいくらであれば買ってもらえるだろう。

まずい棒は本家の4倍の値段で販売しているが、ものすごく売れている。同様に4倍の400円ぐらいにしたいが、さすがにそれは高すぎるだろうか。だからと言って200円、300円で売ったのではたいした利益が出ず、銚子電鉄の赤字解消にはつながらない。500円ぐらいの値はつけられないだろうか。

「赤字が消える！・暗記セット」を使ってくれるのは誰だろう。受験生や学生。ここはかたい。私も学生時代、実際に使っていた。それ以外にどういった人だろう。資格取得をめざして勉強中の方なども買ってくれるかもしれない。

暗記したい、インプットしたいと考えている人に「消す」という言葉を使うのはいやがられるかもしれない。銚子電鉄はむしろ「消したい、忘れ去りたい」ことがたくさんある。「赤字を記憶してしまう」という思わぬ副作用もある。それも含めて自虐的に打ち出したらいいのではないか。自虐なくして銚電なし。いまや銚子電鉄の自虐ネタはいいスパイスとして待ち望まれている。

とはいえ、受験や資格試験に合格したい人たちを応援するものでありたい。創業以来、幾度も廃線危機に直面しながら経営難を乗り越え、今も走り続ける銚子電鉄の強運をお裾分けしたらどうか。「合格祈願切符」と合わせて販売してみてはどうだろうか。ただ単に暗記するための文具ではなく、合格祈願の縁起物としてのアイテムにしようというアイデアが浮かんだ。

## 商品化する上で重要な３項目

ＯＥＭで小ロットで製造してくれる会社はないか調べてみると、「株式会社信誠堂」という会社を見つけた。ゼブラのサラサクリップのボールペンに赤いチェックシートをつけた暗記セットにオリジナルの台紙を付けてペン本体に名入れもできる。まさにこれだ。

早速見積りを出してもらうことにした。とても丁寧に対応してくださり、発注から3週間ほどで完成できるそうだ。よし、筋道がほぼ見えたので、竹本社長にこの新商品の企画を持ち込んで相談してみることにしよう。

相談するのに際し、重要なポイントは三つだ。初期費用がいくらかかるのか、ターゲットは誰なのか、どれぐらい話題になるのか。しかし、話題になっても売れないのではよろしくない。

加えて販売のタイミングも大切だ。冬にアイスを販売しても売り上げは期待できない。受験生を応援するならやはり受験シーズンがいいだろう。特に自虐商品は出すタイミングも重要で、世の中がピリピリしているときにあまり自虐がすぎるとふざけていて不謹慎ととらえられてしまう。みんなが赤字で苦しんでいるときに赤字の苦しさをただ訴えても響かない。とはいえ、銚子電鉄の自虐に若干食傷気味だという人には、想像を超えた高尚な自虐を打ち出してあっと驚かせたいとも考えている。このギリギリのバランスがこの商品の命運を分ける。

## 細部は繊細に丁寧に

実際の商品のデザインを考える。台紙の印刷範囲の下の部分は、印刷される内容が固定になっているとのこと。固定部分は、英語の例文が書かれていて、それを赤いシートを被せると消えるという説明になっている。そこはオリジナルのものに変更はできないという。困った……。できれば、この例文も銚子電鉄オリジナルの自虐ネタに変えたいと思っていたのだが……。

信誠堂さんに相談したところ、ゼブラさんに掛け合ってくれた。ゼブラさんからも、かなり厳しいですが可能な限り希望に添えるように動きます、と回答をいただいた。

しかし、あまり自虐のオンパレードでもふざけた印象を持たれてしまうかもしれないと思い直し、オリジナルは通常どおり台紙の上部の部分だけにすることにした。

「使用上のご注意」には何を書こうか。ただただ愚痴を書くのはいかがなものか。いやいやそれもありではないか。自虐と切実の狭間を巧く狙っていきたい。

熟考に熟考を重ねた結果、これにした。

・何かしら使い道がございます。ぜひお買い求め下さいませ。

・当社は暗記よりむしろ忘れたいことが沢山ございます。
・隠しきれない赤字　それが当社です。
・万一、売れ残ると福袋ならぬ「闇袋」に封入して販売する可能性がございます。

さて、次は赤ペン本体に入れる文字だ。ノベルティグッズの場合、社名や店名などを入れるのが一般的らしい。万年筆ならぬ「万年赤字」と赤い文字で入れるのはどうだろう、と閃いた。竹本社長からは思いがけないリクエストがあり、本体に入れる文字はあえて黒字にしたいとのことだった。何とか黒字化したいという強い意志が伝わってきたので、文字は黒にした。

赤字に緑のシートを被せると文字が黒くなるので、赤字を黒字にする暗記セットもありかもしれない。しかし、緑を被せても文字が消えないので暗記には向かない。暗記セットではなく歓喜セットにするのはどうか。

この商品が大ヒットして、経営が黒字化しますように！

## ローカル線赤字連合セット？

島原鉄道さんが面白い商品を販売していた。三色ボールペンなのだが、中身はすべて赤ペンだ。

島原鉄道さんも銚子電鉄同様に経営状況が厳しい鉄道会社である。コロナ禍でさらに状況は逼迫している。商品企画の会議では「ステイホームが続く中、明るい話題を届けたい」「商品で前向きになって、自粛が終わったときには島原鉄道を利用してもらいたい」という思いから、このような自虐商品の開発に行きついたそうだ。廃線回避に向けてがんばっている姿に胸が熱くなった。製作した５０００本はすでに完売したそうだ。

島原鉄道の永井和久社長は「ローカル線の赤字連合をつくりたい」とおっしゃっているらしい。銚子電鉄の「赤字が消える！・暗記セット」と島原鉄道さんの赤字三色ペンとをセットで売るのもいいかもしれない。

発売と同時に島原鉄道さんから赤字連合を組んで何かコラボしたいと早速お問い合わせをいただいた。全国の赤字鉄道で協力して赤字鉄道だけを巡って鉄印を集める「赤鉄帳」プロジェクトの立ち上げを思い付いた。

「赤字が消える！・暗記セット」をきっかけに銚子電鉄と島原鉄道さんのご縁ができてう

実際に発売したら、人気商品に。感謝。500円

れしい。

本書出版を機に、このように「赤字が消える!･暗記セット」を考案した。アイデアの出し方、ひねり方、飛躍のさせ方など、何の参考にもならないかもしれないが、おもしろがっていただければ幸いである。

銚子電鉄では、こういった学習系の商品をこれからもっとつくりたいと考えているそうだ。竹本社長は、ヒット商品となった「うんこドリル」にちなんで、「うんこうドリル」というアイデアを以前から温めていて、「赤字が消える!･暗記セット」と同時に発売開始した。「今日も安全運行」にちなんだダジャレだ。

# 第7章

## 超C（銚子）級映画『電車を止めるな！』、本当に公開

調子（銚子）にのって映画制作。想定外の試練にたびたび直面。
さてさて、どうなることやら。

## 『カメ止め！』に続け！　めざすは興行収入2億円！

『電車を止めるな！』という映画をつくろうと思う、と竹本社長から電話をもらったのは2018年（平成30年）11月末のことだった。2017年公開の大ヒット映画『カメラを止めるな！』に感銘を受けて、銚電も映画だ！　と思い立ったようだ。

低予算ながらアイデアとユーモア、そして気迫があれば、あんなにもすばらしい作品ができるということを『カメ止め！』が証明してくれた。銚子電鉄も『カメ止め！』同様に資金はないが、アイデアもユーモアも気迫もあるつもりだ。興行収入の目標金額は2億円。2020年以降に予定している変電所の改修工事費用が2億円だ。

変電所の改修工事費用捻出のためには、ヒットをつくらねばならない。ヒットをつくるというのは、すなわち皆さまに喜んでもらえる作品をつくるということだ。お年寄りからお子さままで楽しんでいただけるよう、笑って泣けるファンタスティックホラーコメディはどうだろうか。「銚子だけに超C級、の銚電らしい映画にしたい」と話し合い、私にその原作を書いてほしいと依頼が来た。おもしろい企画だし、お役に立ちたかったので、二つ返事で引き受けた。

クラウドファンディングで500万円を集め、それを映画の制作資金にすることにし、

『電車を止めるな！』略して『電止め！』プロジェクトは走り始めた。

## どんなタブーに挑戦しようか

『電車を止めるな！』というタイトル、そしてホラー映画ということで、最初に私の頭に浮かんだのはこんなシーンだ。竹本社長が鉄道オタクを殺して捕まる。警察に連行されていくときに社長がふり返り、カメラ目線、鋭い眼光で「電車を止めるな！」とキメる。

よし、ひとまずこんなラストシーンに向けてストーリーを走らせてみることにした。

映画づくりに際しては、「タブーに挑戦！」というお題もあった、竹本社長には、どこにもない映画をつくりたい、毒にも薬にもならない映画は意味がない、ほかではつくれない銚電らしい映画にしたい、との思いがあった。

私は、タブーについて考え続けた。

鉄道会社にとってタブーとは何であろう。まずは安全の崩壊、人身事故ではないだろうか。鉄道会社制作の映画で、人が電車にひかれるシーンを入れたりしたら、タブー以外の何ものでもない。いや、さすがに轢死シーンはタブーといっても程がある。タブーに挑戦とはいえ、さすがにダメだろう。いや、そうやってリミッターをかけて思考を止めてはいけない。そのまま思考を走らせることにしよう。

電車が呪われている、というのはどうであろうか。「呪いの電車」なんて、タブーとしてはものすごくいいのではないだろうか。映画『呪怨』に「俊雄くん」という男の子の幽霊が出てくる。そのパロディで、俊雄くんならぬ「丑雄《うしお》くん」という白塗りの男の子が電車の中や屋根の上を走り回っているイメージが浮かんできた。

浮かんできたさまざまなタブーなアイデアを組み合わせ、ストーリーを考えた。

鉄道写真を撮るのが好きなオタク、いわゆる「撮り鉄」が銚子電鉄のホームで電車の写真を撮っているときに社長の息子である丑雄くんがそばに来たため、「お前、邪魔だ」と突き飛ばし、丑雄くんはそのまま線路に落下、運悪くホームに入ってきた列車に丑雄くんがはねられて亡くなってしまう。それから何年もの間、父親である社長はその無念から解放されず恨みを抱き続け、ついには社長が鉄道オタクを殺めてしまうというストーリーだ。ラストの「電車を止めるな！」と言い残す社長のセリフは、「俺は捕まるけどみんなで鉄道を守ってほしい」というメッセージだ。どうだ。イケるんじゃないか。

竹本社長と協議し、さすがに轢死はダメだとなった。轢死のアイデアはボツにして、心霊電車企画でさまざまな心霊現象が起こる「呪いの列車」という内容に決めた。

## タイトル使用許可申請。パクリではありません

今回『カメラを止めるな！』に感銘を受け、そこからインスパイアされて『電車を止めるな！』というタイトルにしたが、万が一パクリではないかと、『カメラを止めるな！』の関係者の方々に不快な思いをさせてはいけないと考えた。『電車を止めるな！』というタイトルの使用許可を得るために『カメラを止めるな！』の上田慎一郎監督のもとにうかがった。すると、自分はＯＫだが、プロデューサーである市橋浩治氏にも連絡をとって確認してほしいとのことだった。

市橋プロデューサーに電話すると、「うちには関係ないのでどうぞ」と言ってくれた。せっかくですので一度きちんとごあいさつにうかがいますと言うと、「来週から海外に行くので、忙しい。またいつか」とのことだった。

上田監督と市橋プロデューサーのご返答を竹本社長に伝え、ほっと肩をなでおろした。しばらく経って、テレビで『電止め！』についてのニュースが流れ、『カメ止め！』公認！」というふうに大々的に報道された。ところが、それを見た市橋プロデューサーの怒りを買ってしまった。竹本社長はテレビ局に対し「『カメ止め！』公認です」と言ったわけではないのだが、拡大解釈されてそのような報道となってしまったようだ。

市橋プロデューサーのところに私と竹本社長、柏木常務とで、まずい棒を持参して頭を下げた。無論、お叱りを受ける覚悟で行ったわけだが、市橋プロデューサーは穏やかに出迎えてくれた。私たちは、あくまでタイトルが似ているだけで、中身はまったく違う内容であることを伝えた。

穏便に済んで本当によかった。

タイトルロゴも『カメ止め！』に寄せていたのだが、それはこっそり変更した。

## 相次ぐ、住民の「自分も出演したい」の声

2019年3月、『電車を止めるな！』のキャストオーディションを開催することにした。参加者が集まるのか不安が募る。しかし、プロジェクトは走り始めてしまったのだ、止めるわけにはいかない。

ふたを開けてみると、なんと予想をはるかに上回る200名以上ものオーディション参加者が集まった。会場の熱気もすごい。竹本社長はうれしさのあまり、参加者全員にまずい棒を配り始めた。ほのぼのとしたやり取りに、すでに一体感が高まってくる。

オーディションでは、自己PRと特技の披露をお願いした。それぞれ歌やダンス、落語

などさまざまだ。怪談師、心霊アイドル、ライブ配信者、霊媒師、サラリーマン風の謎の男、ミステリアスな女子高生とバラエティに富んだ役どころに、ピッタリの人材を見つけることができた。

ホラー漫画家・日野日出志先生も銚子電鉄顧問役で出演することになった。日野先生が「まずい棒」のパッケージデザインをしたことは前述している。

さらに、オリエンタルラジオの中田敦彦氏が友情出演を受けてくれた。竹本社長が、慶應義塾大学の後輩でもある中田氏が「最強の働き方改革」を解いた著書『労働２・０』に感銘を受け、出演オファーをしたところ、中田氏の方でも、竹本社長の考え方やマインドにシンパシーを感じているようで、快く「ノーギャラで出演します」と提案してくれたのだ。

「仕事とは、人に役立つ暇つぶし」という中田氏の言葉がぐっと胸にささる。

さらに、銚子電鉄が映画をつくるということを聞きつけた地元の方々から「自分も出演したい」との声が相次ぎ、随所に出演してもらった。

なにぶん予算のない銚子電鉄である。こういった方々の協力なしには映画の完成にたどりつくことはできなかった。

501
車を止めるな!
～のろいの6.4km～

できる限りの宣伝に努めた

## ホラー映画の難しさ、完成までの苦難の道のり

私の原作本をもとに脚本を準備した。

監督は私と同じ同志社大学出身の先輩で、制作会社に勤務する赤井宏次氏が担当することになった。しかし、竹本社長のこの映画に対するこだわりが強すぎて、当初の脚本ではなかなか納得してもらえない。氏自ら筆を執り、妥協せずに徹底的に自虐ならぬ自ギャグを追求し改稿を重ねた。私の原作本はほとんど無視するかたちで脚本が完成し、制作が進んだ。

２０１９年夏、撮影が敢行された。暑い中、出演者の皆さんは気温以上に熱演してくれた。スタッフも手弁当でがんばった。しかし、いざ撮った映像を見てみると、なぜかちっとも怖くないのだ。

今回の出演者であり、ホラー映画『ザ・ギニーピッグ マンホールの中の人魚』などの映画監督でもある日野先生に見ていただく。最初から日野先生にホラー映画のつくり方をご指導いただくべきだったと後悔したが、時すでに遅し、だ。

制作陣一同頭を抱える中、竹本社長が決断を下した。追加で撮影をしましょう、と。

しかし、ここで問題がある。追加撮影には、追加資金が必要となるのだ。どうするのだ。

結局、竹本社長自らが奔走し、追加資金は集めた。

２０２０年3月、出演者が再度銚子に集結した。半年ぶりに会うため、少し髪形が変わっている人もいる。丑雄くん役の男の子は背が伸びていた。子どもの成長は早い。

雪がしんしんと降る中、追加撮影が決行された。映画の設定は夏。凍える寒さであっても、衣装は夏の服装だ。

しかし、カメラが回ると、皆さんはプロだ、寒さをみじんも感じさせない。こんな天候での撮影になり、申し訳なさが募る。しかし、逆にこの時期にできたことはまだよかったのだ。その1週間後には新型コロナウイルスの拡大で日本中が騒然となっていたのだから。1週間遅かったら撮影どころではなかっただろう。編集・ＶＦＸを担当された遊佐和寿氏の貢献も非常に大きい。一気に流れが良くなって映画が格段におもしろくなったことも、ここに書いておく。

当初の予算はクラウドファンディングで集めた５００万円だったが、追加撮影とその編集費用が膨らみ、最終的にかかった費用はなんと２０００万円。こんなことなら『カメ止め！』の制作チームに最初から依頼すれば『カメ止め！』ファンも応援してくれただろうし、その方がよかったという意見もあったが、実際にでき上がった映像を見て素直に涙が溢れた。個人的には、ローカル線の使命についてコウガシノブ氏演じる社長が熱く語るシーンがぐっとくる。

エンドロールが終わったあと、動画でなく静止画を多用するというおもしろい手法を用いた。映画の感動の余韻を残しつつ、銚子電鉄らしいユーモアにつなげるという竹本社長のアイデアで、痔の市販薬「ボラギノール」のCM風ということで、我々はこれを「ボラギノール作戦」と呼んでいる。

二つあるエンディングテーマのうち「さようなら　ありがとう」の作詞作曲は、町内会会長の息子さん・松本卓也氏。もう一つは知里氏の「虹のかなたに」を使わせていただいた。いずれも涙を誘う名曲だ。

挿入歌の「銚子電鉄のうた」は新垣隆氏が作曲、歌は峠恵子氏。新垣隆氏はメディアでもお馴染みの有名作曲家でありピアニストであるし、峠恵子氏といえば、森永のCMソング中のサウンドロゴ「も・り・な・が♪」という軽やかな歌声は誰もが聴いたことがあるだろう。

これで唯一無二の映画『電車を止めるな!』が完成した。

ポスターは830円で買える

## いよいよ上映！　自賞自受

２０２０年８月、ついに映画公開だ。しかし、コロナ禍において、なかなか上映会場が見つからない。せっかく映画が完成したというのにどうしたらいいのだろう。当初の予定では２０１９年公開予定が、追加撮影などで１年公開が延期になってしまっていた。追加撮影がなければコロナ禍以前に上映できていたのに、と悔やまれる。

しかし、多くのメディアに取り上げてもらったためか、徐々に温泉施設などさまざまな会場から「うちで上映してほしい」と手があがるようになった。おかげさまでピーク時には毎日どこかの会場で上映しているほどにまでなったのだ。会場は確保できたので、あとはお客さまに足を運んでいただけるかどうかだ。アニメ映画『鬼滅の刃　無限列車編』が大ヒットしているさ中だったので、新型コロナは言い訳にできない。

竹本社長は、「本作はいわば『自虐の刃　有限列車編』で、鬼滅に劣らないおもしろさがある」と励ましの言葉もいただいているという。

２０２０年11月に富士ソフト アキバシアターにて開催された上映会では、全米感涙協会から「泣ける映画第９３１号」として認定させていただいた。私から竹本社長に涙のトロフィーを渡した。誰からも賞をもらえないので自分たちで賞をつくって自分たちで授与した。「カンヌヌン国際映画祭」というのもつくって、観音駅近くの飯沼観音（圓福寺）にレッドカーペットを敷いて、第1回ノミネート作品を『電止め！』にしようと話し合っている。『カメ止め！』の聖地である池袋シネマ・ロサからも声を掛けてもらい、２０２０年12月18日からは毎日上映した。ここには竹本社長等身大パネルを置かせてもらった。

千葉の稲毛海浜公園で行ったドライブインシアターでは、竹本社長、赤井監督と一緒に竹本社長の車の中で映画を鑑賞した。想像以上に音がクリアに聞こえ、なかなかの臨場感だった。そして、歌手の知里氏が披露したエンディング曲「虹のかなたに」の生歌に感動した。『電止め！』効果か、「虹のかなたに」は有線で4位まであがった。

しかし、ドライブインシアターでの上映に際する問題点にも気がついた。作中には、動画配信中という設定で、動画を見ている人たちのつけたコメントが、ニコニコ動画のように画面上に流れる演出があった。前方に車を停めた方は大丈夫だったと思うが、後方だと映像文字が読みづらかったかもしれない。文字を多用した映画は、ドライブインシアターとの相性は考えないといけないのかもしれない。

さらに、ぴあさんとコラボしての映像配信もスタートした。こちらはまだ思うほど配信が伸びていないので、お近くに上映会場のない方にはぜひご利用いただきたいと思う。

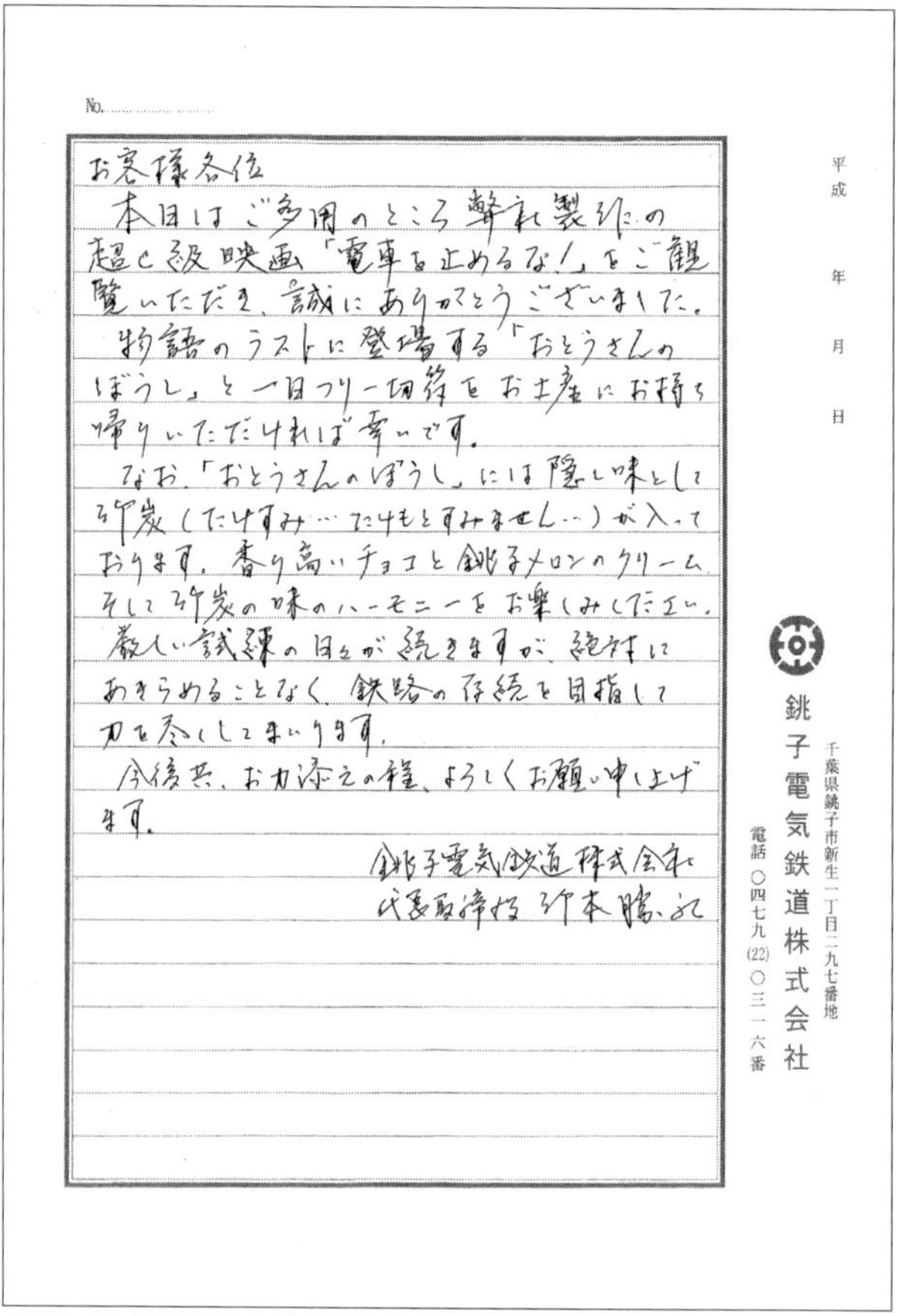

No.

お客様各位

本日はご多用のところ弊社製作の超C級映画「電車を止めるな！」をご観覧いただき、誠にありがとうございました。

物語のラストに登場する「おとうさんのぼうし」と一日フリー切符をお土産にお持ち帰りいただければ幸いです。

なお「おとうさんのぼうし」には隠し味として竹炭（たけすみ…たけもとすみません…）が入っております。香り高いチョコと銚子メロンのクリーム、そして竹炭の味のハーモニーをお楽しみください。

厳しい試練の日々が続きますが、絶対にあきらめることなく、鉄路の存続を目指して力を尽くしてまいります。

今後共、お力添えの程、よろしくお願い申し上げます。

銚子電気鉄道株式会社
代表取締役 竹本勝紀

平成　年　月　日

銚子電気鉄道株式会社
千葉県銚子市新生二丁目二九七番地
電話 〇四七九(22)〇三一六番

お客さまに配布された竹本社長による手紙

超C級映画とうたってハードルを下げまくっていたせいもあるのか、「何も期待していなかったのに想像以上におもしろかった」「エンディングでまさか涙してしまった」と評判は上々だ。

## ドッキリオチにするアイデアもあった

『電止め！』の最後のオチとして、実は壮大なドッキリだったという展開にしようというアイデアもあった。というのも、往年の人気番組『スターどっきり㊙報告』リポーターの夏木ゆたか氏と、私がほぼ毎日のように新宿で遭遇しているからだ。勝手に縁を感じて調べてみると、なんと夏木氏は銚子出身だった。

意を決し、駅で見かけた際に声を掛け、『電止め！』の話をしたところ、「僕にできることがあればぜひ」と言っていただけたのだ。

竹本社長にその話をすると、のりのりになってドッキリオチの脚本を1日で書きあげてきた。ドッキリオチにすることで、脚本に少々の矛盾があったとしても、少々のわざとらしい演技があったとしても、すべて丸く収まる（気がする）。私もぜひその脚本でいきたかったのだが、試算したら、追加予算が大きかった。

## いつかはスピンオフも

いずれはスピンオフも制作したい。スピンオフは、2030年を舞台に廃線後の銚子電鉄を舞台にした映画にできないかと個人的に考えている。銚子電鉄は電車のかわりに人力車を走らせ、細々と地域住民の足としての役割を継続していた。ぬれ煎餅やまずい棒を製造販売する「銚子製菓」という菓子メーカーへと生まれ変わっており、しかしながらその生産ラインも廃業一歩手前……という設定だ。

今も、もうすでに銚子製菓じゃないかと思われる方もいるかもしれないが、やはり電車がなくなっては困るというふうに理解いただける内容にしたい。

夏木氏にもぜひ出演をお願いしたいと思う。

また、テレビ朝日のバラエティ番組『ザワつく!金曜日』では『電止め!』を3回も取り上げてもらい、出演の長嶋一茂氏、石原良純氏、高嶋ちさ子氏が続編に出演したいと言っていたので、スピンオフには、是が非でも出演のオファーをする予定だ。

## コラム③　竹本社長×越川銚子市長×寺井の真剣座談会

**慶應義塾大学経済学部卒、実は同級生の二人**

**寺井**　竹本社長と越川市長のご縁はお二方とも慶應義塾大学経済学部ご卒業ということで、学年が一つ違いとか。

**竹本**　いえ、入学した年は一緒なんですよ。1981年（昭和56年）ですもんね？

**越川**　えーと、1981年の入学ですね。それで85年の卒業。

**竹本**　じゃあ、入学は一緒です。私は1年大学に留まったので。

**越川**　入学は一緒で、卒業はちょっと上ということで（笑）。当時はお互いぜんぜん認識がなかったんですが、昔話をすると共通の知り合いが出てきたりとか。本当に奇遇だと思っています。

**竹本**　はじめて会ったのは2013年（平成25年）4月ですよよね。

**越川**　そうですね。

**竹本**　同じ学年ですよね、って話になって。それからずっと懇意にさせていただいております。

**越川**　銚子電鉄もいろいろ揺れていた頃で、経営的にも厳しいときでした。

**竹本**　銚電がこの町に本当に必要かどうか協議する協議会を市役所内につくって、議論を重ねました。議論の末、最終的に銚電はこの町に必要なんだと宣言をしていただいて。それから公的な補助も受けられる基礎をつくっていただきました。

**越川**　ずっと昔は銚子市も経営補助をしていたんですよ。していたんですけど、その後、銚子電鉄さんの経営母体が変わったり、経理の不祥事に近いことがあって、補助ができないという状態になってしまいました。

**竹本**　10年間補助が止まっていたんです。

**越川**　それをもう1回きちんとして、県と市が協調して車検や基盤整備に対しては補助できるようにしよう、と向こう10年間の計画を定めまして。それが2013年です。

**竹本**　2013年の暮れでしたね。4月に銚子電鉄運行維持対策協議会という協議会を銚子市の中につくって、地元の経済界の代表や、学識経験者の方たちにボードメンバーになっていただきました。経営改善計画を示しながら議論を重ね、最終的にでき上

# コラム③

がった経営改善計画に則って再生への道を歩んでいくんだということを条件に、補助が復活したというわけです。それがあるから、今がある。本当に越川市長にはお世話になっていまして。

**越川**　国が3分の1、県と市が6分の1ずつ、残りを銚子電鉄が負担という枠組みをつくりましてですね、銚子電鉄存続のために一緒にやっていこうということになりました。

**竹本**　銚子市さんに負担を掛けてしまっているので非常に申し訳ないな、と。だから、それこそ寺井さんの力でヒット商品を連発して、銚子市の負担を少しでも軽くしたいなと思っているんです。

**寺井**　少しでもお力になれれば。

**越川**　銚子市も財政難のさ中で、なかなか思い切った支援ができてきませんでした。しかし、ふるさと納税に銚子電鉄を応援するというコースを設定して、そこに寄付していただくと、運行維持に必要な設備投資に対する補助金や、さまざまな支援活動につながるという仕組みをつくりました。ですので、一般財源という市の方のお財布からはあまり出さないながらも支援ができるようになっています。

寺井　越川市長は２０１３年5月から市長に就任されて、竹本社長は２０１２年12月から社長に就任されて、ほぼ同じ時期からということで二人が巡り合われて。

竹本　不思議なご縁を感じます。

**銚子市も自虐路線に転換!?**

寺井　映画『電車を止めるな！』にもご出演いただき、ありがとうございました。

越川　はい、出させていただきました。

寺井　いかがでしたでしょうか？　ずっとうつぶせでしたが。

越川　映画出演なんてはじめての経験で。ひたすら寝るっていう役どころでしたが。

竹本　逆に演技力が必要です。

越川　どちらかというと、いつもはしゃべることが商売なものですから、逆に、しゃべらないことの難しさも体験させていただきました。でも、本当に光栄でございました。

竹本　寺井さん、また何か映画の原作書いてくださいよ、第二作で。それで市長には脚本を書いてもらいましょう。現役市長初の映画監督、おもしろいじゃないですか。

越川　逆に、竹本さんが市長になったらおもしろい市役所ができそうですね。思い切った大改革もしてくれそうですし。

**寺井**　銚子電鉄さんは自虐パロディ路線でやっていらっしゃいますが、銚子市全体で自虐路線に転換される可能性もあるんですか？

**越川**　どうでしょうねぇ。それを理解していただけるような……、うー、えー、うーんうーん……。まぁ、でもこう、ピンチをチャンスに変えていくという発想は必要なので、今財政が厳しいっていうことをダイレクトに言わないで、お金がなくてもできることはあるんじゃないのかっていう発想の転換は銚子電鉄さんを見習わせていただきたいと思います。

本気の自虐っていう部分もあるし、ある程度真面目な土台の部分がしっかりあってその上に笑いだとかユーモアだとか夢とかが自虐として乗っかっているのが竹本さんの哲学かなと思っていますので。そのあたりも見習わせてもらっています。

**竹本**　ピカソと一緒ですよ。一応基礎はあるんですよ。だけどデタラメな絵を描く（笑）。

**越川・寺井**　ははは（笑）。

**竹本**　土台はきちんとしていないといけないな、と。中身はスカスカですけどね（笑）。だけど、なんとか経営資源がない中で銚子市さんに助けてもらっていると思うと、本当に感謝の一言です。我々もやれるところまで力を尽くしたいと思っています。

**寺井** ところで、島根県には自虐カレンダーがあるみたいですよ。

**越川** 島根県の自虐とは、どのような内容なのでしょう。

**寺井** 出雲大社には行ったことがあるけど島根には行ったことない、とかですね。書籍化もしていましたし、お土産品などの物産にも展開していました。

**越川** 緻密な部分と、思いっきりはっちゃけた部分と組み合わせるとおもしろいということですよね。

**竹本** 今度、銚子電鉄では「自虐の素」っていう調味料をつくろうかな。自虐ネタがよくできるっていう。

**越川** それ、成分は何ですか？

**竹本** 中身はただの味の素。

**寺井** おもしろいですね。

**竹本** 味の素さんに訴えられちゃうか。実は、社長が高校の私の同級生なんですよ。でも、やっぱりダメだな（笑）。

**銚子市が銚子電鉄に期待する役割とは**

**寺井**　銚子市さんにとって、銚子電鉄さんに期待する役割としてはどのようなことがあげられますか？

**越川**　やはり発信力です。銚子電鉄という名前、ブランドを使って、いろいろなものを流せるなという気がしています。銚子電鉄さん自らが商材をつくらなくてもいいと思うんです。銚子の魚だとか佃煮だとか加工品だとか、そういった銚子の自慢の商品を、銚子電鉄という自虐の一味を加えていただき、日本全国に向かってどんどん売っていっていただけるということです。これだけのネームバリューを持っていらっしゃるのですから、地元の産業も一緒になって全国に販路を開拓していくことができるんじゃないかな、と思っています。

もちろん銚子電鉄に乗る、銚子電鉄を楽しむという理由で、たくさんのお客さまに銚子に来ていただくということも期待しています。

**銚子市の人口流出の要因について思うところ**

**寺井**　1936年（昭和11年）につくられた銚子市歌には「市民の意気はさかんなり」と

いう歌詞があり、当時の銚子の隆盛がうかがえます。人口は1965年の約9万1000人をピークに人口が毎年1000人ずつ減っていらっしゃるということで、現在は約6万人。近隣の神栖市、旭市に人口が流出している。この要因についてお聞かせください。

**越川** 隣の神栖市の場合、石油化学、鉄鋼業という日本を代表する製造業の大手企業がありますので、それだけの雇用を生み出しています。銚子から通うというパターンもあるんですけれども、あちらの方が土地も安いので職場に近いところに家を建てて、ということもあるでしょうね。

**寺井** 若者が住みたくなる町づくりについては、どういったことが必要だとお考えですか。

**越川** 銚子市の場合は、雇用と、若い人が好むような今どきの労働環境が少ないといったことがあげられるかもしれません。と言っても、漁業、農業、水産加工業、醤油醸造という昔からの産業はしっかりしていますので、それをもう一回磨き直すということが一つ。あとは新しい企業にも来ていただいて若い人の雇用の一翼を担ってもらうことも必要かなと考えています。

その一方で水産加工、製造業はなかなか人手を確保するのが難しいというアンマッ

右から越川市長、竹本社長、わたくし寺井

チがあります。水産加工、製造業においては外国人の実習生が補っているというのが現状です。日本人の人口は毎年減っていますけれど、外国人の住民登録数は少しずつ増えていまして、２０２１年１月のデータでは、銚子市の人口約６万人のうち約２３００人が外国人です。

もちろん外国人の皆さんが好んで住む町ということも必要ですし、それからやはり若い人に住んでもらうっていうのも必要です。大学に行っていったん銚子から出てもまた銚子に帰ってきてくれるような町、地元から離れないで住み続けてもらえる町であるということが大切だと思います。

## 財政破綻をどう食い止めるか

**寺井**　人口減少は市の財政に大きな影響を与えているんですね。２０２２年度には、第二の夕張になるのではないか、財政再生団体に転落するのではとも言われていますが、実際のところはどうなのでしょうか。財政破綻の大きな要因はどこにあると考えていますでしょうか。

**越川**　私が市長に就任して7年あまりになりますけれども、まず銚子市には貯金がないんですね。財政調整基金と呼んでいますけれど、赴任した当初からゼロに近いような状態でした。それがたっぷりあれば多少その年度で赤字になっても調整できるんですけれど、それがないので本当に綱渡りの経営になってしまう。それから、国みたいに赤字国債を発行できないので、資金を集めるための借金ができないっていうのが一番大きなところです。

借金の額はだんだん減らしてきていまして、320億円ほどあったのが、50億円減らして今270億円ほどになっています。そうすると1年ごとに返すお金も減ってきますので、まずは借金を減らすっていうのが一番大事な部分であり、確実にやってきています。借金を減らすことに注力している分、市民の皆さんに新しいサービスを提供できないなどといった負担をかけている部分もあるんですけれど、借金を減らすという点についてはだいぶ軽くなってきています。

一定の出口は見えてきていますので、そこをしっかり気を緩めることなくやるということと、一方でなるべく人口を減少させない。それから、7年後くらいには脱炭素社会の実現に向けて導入を計画している銚子市沖の洋上風力発電が稼働開始の予定ですので、固定資産税が入るなど経済効果が期待できます。

## 犬吠埼灯台が国の重要文化財に指定

**寺井** 犬吠埼灯台（灯台と旧霧笛舎・旧倉庫の一基二棟）が国の重要文化財（建造物）に指定されましたね。

**越川** 犬吠埼灯台は銚子市民の心のふるさとですし、銚子電鉄の犬吠駅もあります。そして、（山頂・離島を除き）日本で一番早く初日の出を見ることができます。だんだん新しい商業施設もできてきていい感じにはなってきているんですよ。この国の重要文化財指定を活用し、地域活性化につなげていきたいと思います。

**寺井** イベントなどの計画はないんですか？

**越川** 犬吠のイベントといえば、2018年に犬吠埼灯台150周年を記念するイベントを計画したことがありました。ちょうど戌年だったので、戌年と犬吠埼をかけて犬の吠え方コンテストをやろうという企画でして。人が犬の吠え方で吠えて、それを犬が採点するという内容で……。

**寺井** 犬が人をどうやって採点するんですか？

**越川** センサーをつけて、犬が感動したら点数で出るんです。

**竹本** イヌパシーっていう機械があって、実際に犬につけて人間がワンワンっていう声に反応するのを点数化するんです。値段は結構高いんですよ。5万円くらいです。

**越川** 企画実現まであと一歩というところまでいったんですけど、この企画、消えちゃったんですよねぇ。

**竹本** もしかしたらイヌパシーの調達費用が出なかったのかな？　私も犬と一緒に審査員になるはずだったのに。

**寺井** 社長も戌年ですもんね。

**シンガーソング〝マッチ〟と一緒に銚子市エンタメ化計画**

**寺井** 閉校した学校を利用した銚子芸術家村の計画もありましたよね。若手芸術家に住居を3年間提供するかわりに作品を寄贈してもらい、美術館展示を行う「芸術家村構想」の実現にも意欲をみせている、というニュースを見たことがあるのですが。私も考えてみたのですが、閉校した学校を常設のお化け屋敷にしてしまうというのはいかがでしょうか。

**越川** おもしろいですね。

**寺井** おもしろいですか？

越川　銚子電鉄さんの外川駅の近くにも銚子市立第二中学校という中学がありまして、そこがあと5年くらいすると統合になっちゃうんですね。外川も本当にいいところですし、そういう風に有効活用できればいいですよね。銚子電鉄さんのお化け屋敷電車もすごいヒットですしね。

竹本　学校の跡地を利用したテーマパーク的なものはいいですね。今のストックを有効活用して、そこからフローの所得を生み出すんだという発想ですよね。お化け屋敷でもいいでしょうし、アトラクションがいっぱいあるテーマパークみたいにしてもいいでしょうし、季節の花々をいっぱい植えてみんなが集まるような憩いの場所みたいなのもいいでしょうし。

越川　廃校だとか使わない公共施設はたくさん出てきますので、そこをなるべくお金をかけずに有効活用する、しかも集客につなげるという構想に可能性を感じます。

寺井　ちょうど、２０２３年に銚子電鉄さんが１００周年を迎えるにあたって、なにかできないかと考えていまして。先日、竹本社長にもご相談させていただいたんですけど、銚電万博みたいなものができないかなと。

越川　ほぉ、銚電万博ですか。

竹本　銚電はいろいろなものをパクっているので「銚電万パク」。その頃、私生きてないかもしれないですが（笑）。
寺井　いやいやいや（笑）。
竹本　そうだ！　市長にテーマソングをつくってもらって開会式で歌ってもらおう。市長はシンガーソングマッチなんですよ。
寺井　シンガーソングマッチ？
竹本　シンガーソングライターならぬ、シンガーソングマッチです。
越川　銚子をアピールするような歌をつくろうってことで、3年ぐらい前から始めて、今は12、13曲になりました。犬吠の歌だけで4曲ぐらいはつくりましたよ。
竹本　たくさんできましたね。とってもキャッチーな曲ですよ。はい！　犬も歩けば？
越川　犬吠に当たる！　犬がトコトコ歩いてきて、犬吠埼を見て、励まされて元気が出る、というような歌で……。
竹本　「葉っぱのブルース」とかね。名曲です。
越川　ジオパークとか犬吠埼灯台とか銚子にちなんだ歌をつくって、それを歌いながら地元紹介をする、と。大学生の授業で披露したり、そんな活動をしています。

竹本　ギターを弾きながらやられるんですよ。

越川　じゃあ、あとでお一つ（笑）。

寺井　ありがとうございます。

竹本　シンガーソングマッチとして、銚電万博のテーマソングも忘れずにお願いしますね。

越川　ダジャレ研究会っていうのがあって、そこにシンガーソングマッチとして出演させてもらったこともあるんですよ。ずんの飯尾さんが司会されている番組でした。

竹本　視聴者（市庁舎）代表っていうタスキ掛けしてギターの弾き語りをしたんですよね。

越川　「犬吠埼調子っぱずれ音頭」を歌わせてもらいました。

竹本　くだらないけどおもしろかったですよ。地域をおもしろおかしく盛り上げていくっていうね。笑顔で楽しく笑って乗り越えるっていうのがいいんじゃないかと思うんです。そういうところは、越川市長と通ずるものがあります。

越川　笑いとかユーモアって元気になりますし、行政っていうと固いイメージが強いですけれど、ちょっとこう自虐でもダジャレでもいいんですけど、竹本風にチラッとアレンジして、市役所も魅力的になれたらいいのかなと思います。

# おわりに

銚子電鉄さんとの出会いから丸5年。いまや銚電さんは私にとってはライフワーク、いつの間にか人生そのものになってしまった。

交通新聞社さんから銚子電鉄の本を書いてほしいと問い合わせがあったのは、2020年秋のこと。以前にも竹本社長と共著で本を出させていただいたことがあったのでそのつもりでいると、銚子電鉄の外側から見た客観的な視点での本にしたいので私の単著でお願いしたい、とのご依頼だった。おこがましくも私の単著でいいのだろうか。しかも、銚電にどっぷりと浸かり、もはや客観的に見ることなどできない。今日の銚子の天気はどうだろう。毎朝、ついつい銚子の天気もチェックしてしまう。無事に運行できたかな。商品は売れているだろうか。SNSで炎上していないかな。毎日そんなことばかり考えている自分に改めて気づかされる。それでも、私ならではの視点で皆さんに銚子電鉄のことをもっと知っていただけたら、少しでも銚子電鉄の後押しになればとの思いから、依頼を受けさせていただくことにした。

常に存続の危機に立たされている銚子電鉄。仕掛けるのをやめてしまうと止まってしまう。批判やお叱りを覚悟でギリギリを狙って攻め続ける。

今のコンプライアンスがうるさい時代に昭和の時代のエンタメができるのは銚子電鉄さんだけだと思っている。『元気が出るテレビ!!』を皆さんと一緒につくり上げているイメージだ。バブルの時代に生まれた番組を超低予算で知恵を絞ってつくっていく。

まずは２０２３年の銚子電鉄１００周年を無事迎えられるよう、生き残っていかねばならない。自虐とユーモアのサバイバル術でこれからも攻め続けていく銚電と一緒に止まることなく走り続けたいと思う。

本書の制作にあたって多大なご協力をいただいた銚子電鉄・竹本勝紀社長、鼎談にご協力いただいた越川信一市長、編集協力いただいた麻生りりこさん、出版に向けてご尽力いただいた交通新聞社編集担当の平岩美香さんに心より感謝申し上げます。

「乗りかかった〝電車〟」ですので、鉄道の灯を守るべく私にできることを地道にさせていただきたい。これからも銚子電鉄を応援くださいますようよろしくお願いいたします。

２０２１年４月　寺井広樹

## おもな参考資料

『岬へ行く電車 銚子電気鉄道77年のあゆみ』白土貞夫著　東京文献センター
『崖っぷち銚子電鉄 なんでもありの生存戦略』竹本勝紀・寺井広樹著　イカロス出版

**寺井広樹**（てらい ひろき）
1980年神戸市生まれ、文筆家、実業家。同志社大学経済学部卒。銚子電鉄の「お化け屋敷電車」「まずい棒」を企画プロデュース。『崖っぷち銚子電鉄　なんでもありの生存戦略』（イカロス出版、竹本勝紀と共著）、『企画はひっくり返すだけ！』（CCCメディアハウス）など著書多数。映画『電車を止めるな！』の原作・脚本担当。

交通新聞社新書151
**廃線寸前！銚子電鉄**
**“超極貧”赤字鉄道の底力**
（定価はカバーに表示してあります）

2021年4月15日　第1刷発行

著　者――寺井広樹
発行人――横山裕司
発行所――株式会社　交通新聞社
https://www.kotsu.co.jp/
〒101-0062　東京都千代田区神田駿河台2-3-11
NBF御茶ノ水ビル
電話　東京（03）6831-6550（編集部）
東京（03）6831-6622（販売部）

印刷・製本―大日本印刷株式会社


ISBN978-4-330-01821-8